Rolf Meier
Das Einzige, was stört, sind die Teilnehmer

Rolf Meier

DAS EINZIGE, WAS STÖRT, SIND DIE TEILNEHMER

Schwierige Seminarsituationen meistern

Mit CD-ROM

Bibliografische Information der Deutschen Nationalbibliothek

Die Deutsche Nationalbibliothek verzeichnet diese Publikation in der Deutschen Nationalbibliografie; detaillierte bibliografische Daten sind im Internet über http://dnb.d-nb.de abrufbar.

ISBN 978-3-86936-343-1

3., überarbeitete Neuauflage 2012

Umschlaggestaltung: Martin Zech Design, Bremen | www.martinzech.de
Lektorat: Dr. Michael Madel, Ruppichteroth
Satz und Layout: Das Herstellungsbüro, Hamburg
 www.buch-herstellungsbuero.de
Druck und Bindung: Salzland Druck, Staßfurt

© 2007 GABAL Verlag GmbH, Offenbach
Alle Rechte vorbehalten. Vervielfältigung, auch auszugsweise, nur mit schriftlicher Genehmigung des Verlages.

www.gabal-verlag.de
www.twitter.com/Gabalbuecher
www.facebook.com/gabalbuecher

INHALT

Einführung ... 9

1. Voraussetzung: Auftrag klären ... 12

2. Zielrichtung und Richtschnur: Ihre Teilnehmer ... 16
   Vorkenntnisse ... 19
   Lernbedürfnisse und Motivation ... 19
   Praxisnutzen ... 22
   Erwartungen ... 23

3. Wichtiger Faktor: Der Rahmen ... 28

4. Richtungweisend: Die ersten Minuten ... 31

5. Im Zentrum: Sie als Trainer ... 36
   Sie als Person ... 36
     Ihre Persönlichkeit ... 37
     Anleitung für Ihre Persönlichkeitsanalyse ... 37
     Ihre Stärken ... 44
     Ihre Motivation ... 46
   Ihr Verhalten ... 51
     Verantwortung für das eigene Verhalten übernehmen ... 52
     Auf Interaktionen achten ... 58
     Beziehungen gestalten ... 59
     Verantwortung für das Lernklima übernehmen ... 62
     Probleme als normal ansehen ... 64

6. Aktivposten: Ihr Unterricht 66
   Grundprinzipien eines gelungenen Unterrichts 66
      Motivierung 67
      Emotionalisierung 69
      Strukturierung 70
      Veranschaulichung 71
      Aktivierung 72
      Üben und Wiederholen 72
      Praxis- und Transferorientierung 73

7. Schwierigkeiten mit einzelnen Teilnehmern 76
   Ursachen 76
      Konzentrationsschwierigkeiten 77
      Lernprobleme 79
      Fehlende Motivation 81
      Unzufriedenheit, Unter- und Überforderung 84
      Unterschiedliche Lernstile 86
      Unterschiedliche Persönlichkeiten 87
   Auswirkungen 96
      Ablenkungen 96
      Störungen 97
      Bedenken, Austesten und Nadelstiche 101
      Angriffe 106
      Konflikte 109

8. Schwierigkeiten zwischen einzelnen Teilnehmern 111
   Ursachen 111
   Auswirkungen 112

9. Schwierigkeiten in der Lerngruppe 115
   Ursachen 117
      Schwierigkeiten beim Zusammenraufen 117
      Rollenprobleme 121
   Auswirkungen 123
      Reibereien 123
      Machtkämpfe und Ausgrenzung 124

10. Schwierigkeiten mit der Lerngruppe ... 127
Ursachen ... 128
   Mangelnde Motivation ... 128
   Unterschiedliche Erwartungen und Ziele ... 129
Auswirkungen ... 130
   Negative Einstellung ... 130
   Passivität ... 131
   Unzufriedenheit ... 132
   Zuspätkommen ... 134
   Die Gruppe »löst sich auf« ... 136
   Verweigerung ... 137

11. Schwierigkeiten mit dem Ko-Trainer ... 139

12. Schwierigkeiten mit sich selbst ... 142
Ursachen ... 142
   Falsche Erwartungen ... 142
   Selbstprogrammierung ... 143
Auswirkungen ... 145
   Zeitmangel ... 145
   Lampenfieber ... 147
   Angst vor Blamage ... 149
   Enttäuschungen ... 151
   Burnout ... 153

13. Ziel: Arbeitsfähigkeit wieder herstellen ... 156
Probleme verstehen ... 156
Sich auf Störungen einstellen ... 159
Das eigene Verhalten reflektieren ... 161
Sich der Störung annehmen ... 165
   Gelassen reagieren ... 167
   Angemessen reagieren ... 170
Situation klären ... 179
   Richtig zuhören ... 180
   Nachfragen ... 183

Gesprächsstörer vermeiden 185
Richtig mit Feedback umgehen 187
Störung anmelden 189
Feedback geben 189
Mit mangelnder Feedbackfähigkeit umgehen 194
Metakommunikation einsetzen 196
Probleme besprechen 198

Zum guten Schluss 206

Literaturverzeichnis 207

Stichwortverzeichnis 208

EINFÜHRUNG

Das Einzige, was im Unterricht stört, sind die Teilnehmer. Ohne sie könnte man wunderbar unterrichten. Vielleicht haben Sie das in dem einen oder anderen Moment auch schon mal gedacht. Manche Teilnehmer stellen einen wirklich auf eine harte Geduldsprobe, viele Trainer können davon ein Lied singen. Deshalb haben viele auch ihre »Lieblingstypen«, die sie am liebsten gleich nach Hause schicken würden.

Begeisterte Teilnehmer und ein hoher Lernerfolg – das sind die beiden Dinge, die sich jeder Trainer wünscht. Und sie sind bereit, ihr Möglichstes dafür zu tun: zu versuchen, einen ebenso interessanten, anregenden und fesselnden wie lernwirksamen und praxisorientierten Unterricht zu gestalten. Wenn nur alle Teilnehmer mitziehen würden. Und damit sind wir wieder bei den Widrigkeiten des alltäglichen Unterrichtsgeschehens mit all seinen Höhen und Tiefen.

Störende Teilnehmer – begeisterte Teilnehmer

20 goldene Regeln, mit deren Hilfe Sie mit jeder schwierigen Situation im Unterricht spielend fertig werden: Die wünscht sich wohl jeder Trainer. Allerdings kann es diese goldenen Regeln nicht geben, und diese Regeln würden Ihnen auch nichts nützen, denn Unterricht im Allgemeinen und »schwierige« Seminarsituationen im Besonderen sind dazu zu einmalig und zu wenig auszurechnen – und damit auch nicht vorhersehbar. Ein festgefügtes Regelwerk hilft darum nicht weiter. Erwarten Sie deshalb kein Rezeptbuch. Freuen Sie sich vielmehr auf viele Anregungen und Wege, die Sie ausprobieren können, um im Seminar souveräner mit unterschiedlichen Situationen umzugehen.

Anregungen statt Rezepte

Man kann lange darüber philosophieren, was schwierige Situationen im Seminar überhaupt sind. Man kann sich sogar

Schwierige Seminarsituationen

auf den Standpunkt stellen, so etwas gibt es im Seminar gar nicht. Der Begriff »Schwierigkeiten« ist ein sehr subjektiver Begriff und soll deshalb hier auch gar nicht näher bestimmt werden. Subjektiv schwierig ist, was Sie als Trainer als schwierig empfinden – und das kann sehr unterschiedlich sein. Dasselbe trifft auf den Begriff »Störungen« zu. Zumindest zwei Dinge kann man über schwierige Situationen und Störungen sagen:

- Solche Situationen hindern die Konzentration auf das Wesentliche des Unterrichts: die Auseinandersetzung mit dem Lernstoff.
- Solche Situationen können eine emotionale Belastung sein, eine Belastung für Sie, aber auch eine Belastung für die Teilnehmer.

Gliederung des Buches

Deshalb ist es wichtig, dass Sie mit solchen Schwierigkeiten professionell umgehen. Und dabei möchte ich Sie unterstützen. In den ersten sechs Kapiteln geht es um grundsätzliche Aspekte, die aber allesamt bereits einen ganz erheblichen Einfluss darauf haben, ob es zu schwierigen Seminarsituationen kommt. Das reicht von der Auftragsabklärung – wenn Teilnehmer in Ihrem Seminar nicht das erhalten, was Sie versprochen haben, haben Sie ein Riesenproblem – bis zur teilnehmerorientierten Aufbereitung Ihres Seminargeschehens. Sie lesen hier von Möglichkeiten, wie Sie schwierige Situationen von Anfang an vermeiden können.

In den Kapiteln 7 bis 12 erfahren Sie mehr darüber, welche Ursachen Ihre Probleme im Unterricht haben könnten, wie sich diese Ursachen auswirken und wie Sie damit umgehen sollten. Im umfangreichen letzten Kapitel schließlich finden Sie eine systematische Anleitung, wie Sie in Ihrem Seminar und Ihrer Teilnehmergruppe die Arbeitsfähigkeit nach einem Problem wieder so herstellen, dass Sie mit Ihrem Unterricht fortfahren und Ihre Lernziele ungestört erreichen können.

Dabei unterstützt Sie die beiliegende CD, auf der Sie Videofall- **Die Begleit-CD**
beispiele, Einschätzungshilfen, Evaluierungsbogen und die Simulation einer Seminarsituation finden.

Und so bleibt mir noch, mich bei meinen Trainerkollegen und den vielen Teilnehmern meiner Seminare für ihre Anregungen zu bedanken.

Rolf Meier

1. VORAUSSETZUNG: AUFTRAG KLÄREN

> **BEISPIEL**
>
> Sie führen ein Seminar zum Telefontraining durch. Nach der Begrüßung führen Sie in das Thema ein und stellen das Programm vor. Ein Teilnehmer meldet sich: Sein Vorgesetzter habe ihn zu diesem Seminar geschickt. Er halte überhaupt nichts von dem Thema. Ihm würde das nichts bringen. Außerdem habe er wahrlich genug zu tun. Ob Sie einverstanden wären, wenn er nur bis zum Mittag bleiben würde.

Manchmal ist ein Seminar allein schon deshalb schwierig, weil zu unterschiedliche Interessen aufeinandertreffen und der Trainer nicht weiß, worauf er sich da eigentlich eingelassen hat. Denn wenn der Auftraggeber etwas anders will als die Teilnehmer, wenn Sie einen Auftrag zu einer Schulung bekommen und gar nicht die gestellten Erwartungen erfüllen können, sind Problemen Tür und Tor geöffnet, ist der Misserfolg fast schon vorprogrammiert. Am Ende bleibt dies leider häufig an Ihnen hängen.

Erwartungen abklären

Deshalb ist es wichtig zu wissen, was konkret von Ihnen und Ihrem Seminar erwartet wird. Bei Schulungen haben Sie es mit zwei verschiedenen Kunden zu tun: Ihren Teilnehmern und Ihrem Auftraggeber. Manchmal sind beide identisch: Kunden wünschen sich eine bestimmte Schulung und nehmen selbst daran teil.

Auftraggeber sind meist Bildungsträger, Personalreferate oder Führungskräfte. Besonders kompliziert wird es, wenn ein Personalreferat sich im Auftrag einer Führungskraft an einen Bildungsträger wendet, etwa mit dem Wunsch nach einer bestimmten Qualifizierung. Dann haben Sie es mit drei verschiedenen Kunden und wahrscheinlich auch drei verschiedenen Erwartungshaltungen zu tun.

Die Erwartungen Ihrer Kunden sollten Sie kennen, sonst können Sie sie nicht auf ihre Umsetzbarkeit überprüfen und auch nicht erfüllen. Dabei beziehen sich die Erwartungen auf die Ziele, die Inhalte, auf die Dauer des Seminars und auf die Methodik. Bildungsträger setzen meist bestimmte Standards im didaktisch-methodischen Bereich, Personalreferate und vor allem Vorgesetzte wollen vornehmlich Praxishilfen und Praxislösungen.

Was will der Auftraggeber?

Auch wenn dies vielfach Aufwand bedeutet: Versuchen Sie die Erwartungen Ihres Auftraggebers zu ermitteln. Je genauer Ihnen das gelingt, desto besser. Dies erfordert meist ein Vorgespräch. Achten Sie im Gespräch darauf,

Vorgespräch führen

- ob sich die Ziele oder Anforderungen widersprechen,
- ob Sie davon ausgehen können, dass Sie das gewünschte Ergebnis überhaupt erreichen können,
- ob tatsächlich ein Qualifizierungsdefizit vorliegt oder
- ob sich die Probleme woanders verstecken.

Die beiden Grundfragen lauten:

Grundfragen klären

- Ist eine Qualifizierung in dieser Situation der richtige Weg?

und

- Führt die gewünschte Schulung mit ihren Inhalten zum Ziel?

Sagen Sie deutlich, was Sie leisten können und was Sie nicht versprechen können. Und wenn unrealistische Forderungen an Sie gestellt werden oder klar ist, dass es sich um eine Alibischulung handelt, lehnen Sie den Auftrag (möglichst) ab.

Jeder Auftraggeber ist anders Auch bei Schulungen mit Teilnehmern aus unterschiedlichen Abteilungen einer Firma oder aus verschiedenen Firmen sollten Sie mit dem Personalreferat oder dem Bildungsträger ermitteln, was ihnen wichtig ist. Worauf legen sie Wert, was ist für sie inakzeptabel, worin zeigt sich für sie die Qualität einer Schulung und eines Trainers? Denn was für den einen Auftraggeber von zentraler Bedeutung ist, etwa das Einhalten der Seminarzeiten, ist für den anderen nachrangig. Ein Auftraggeber ist vor allem an zufriedenen Teilnehmern interessiert, der andere will handfeste Lernergebnisse sehen.

Teilnehmer kennen Neben den Erwartungen und Zielen des Auftraggebers sollten Sie natürlich auch die Ihrer Teilnehmer kennen. Schnell können Probleme entstehen, wenn die Erwartungen des Auftraggebers von denen der Teilnehmer deutlich abweichen. Wenn ein Vorgesetzter seinen Mitarbeitern ein Telefonseminar »verordnet« und die Mitarbeiter die Notwendigkeit und den Nutzen für sich nicht erkennen, kann dies leicht zu Demotivation führen.

AUFTRAG KLÄREN

✓

1. Ermitteln Sie vor Übernahme einer Schulung die Erwartungen und Ziele des Kunden. ☐

2. Überprüfen Sie, ob eine Schulung der richtige Weg zur Erreichung der Ziele ist. ☐

3. Analysieren Sie, ob Sie diese Erwartungen erfüllen können. ☐

4. Informieren Sie sich über die Zielgruppe und deren Erwartungen, Einstellung, Motivation. ☐

5. Ermitteln Sie die Unterschiede in den Erwartungen zwischen Auftraggeber und Teilnehmern. ☐

2. ZIELRICHTUNG UND RICHTSCHNUR: IHRE TEILNEHMER

BEISPIEL

Ein Teilnehmer ist unzufrieden. Beim Feedback am Ende des ersten Tages äußert er, dass er sich die Schulung ganz anders vorgestellt habe. Er habe mehr Input erwartet, die dauernden Gruppenarbeiten würden ihm nichts bringen.

Unterricht für die Teilnehmer

Sie machen Ihre Schulung für bestimmte Teilnehmer. Dieser Satz ist ebenso banal wie wichtig. Denn nach deren Bedürfnissen und Erwartungen muss sich Ihr Unterricht richten. Ansonsten machen Sie »Unterricht von der Stange« und dürften sich des Öfteren Problemen mit Ihren Teilnehmern gegenübersehen. Die Erwartungen stehen im Raum, sie zu ignorieren bedeutet, den Unterricht *trotz* der Teilnehmer zu machen und nicht *für* die Teilnehmer.

Ungeschriebenen Vertrag schließen

Jeder Teilnehmer schließt sozusagen mit Ihnen einen individuellen und ungeschriebenen Vertrag. Er lautet sinngemäß: *Ich komme mit diesen Erwartungen und dieser Einstellung ins Seminar und wünsche mir Folgendes von Ihnen ...* Die Erwartungen beziehen sich auf den Verlauf der Schulung, auf das Ergebnis, aber auch auf das Lernklima und den Umgang untereinander. Allerdings können diese »Verträge« zu verschiedenen Schwierigkeiten führen:

- Die Erwartungen und Wünsche der einzelnen Teilnehmer sind zu unterschiedlich, sodass Sie sie nicht alle gleichzeitig erfüllen können.
- Die Teilnehmer erwarten zu viel von Ihnen.
- Sie erwarten Dinge, auf die Sie keinen Einfluss haben.

Sie bekommen dann Äußerungen zu hören wie *Ich dachte, wir würden hier mehr über technische Fragen sprechen* oder *Ich dachte, hier wären mehr Führungskräfte*. Hinzu kommt: Die Teilnehmer überprüfen in regelmäßigen Abständen, ob der Unterricht ihren Vorstellungen entspricht. Können Sie den »Vertrag« erfüllen, ist der Teilnehmer zufrieden, schaffen Sie es nicht, kommt über kurz oder lang Unzufriedenheit auf und vielleicht dann auch Unmut, gefolgt von Störungen und Problemen.

Unzufriedenheit und Zufriedenheit

Unzufriedenheit kann sich in zweierlei Weise ausdrücken: in Rückzug oder in Aggression. Es gibt einen dritten Weg: Der Teilnehmer ignoriert die Unzufriedenheit und denkt sich vielleicht: *Bis morgen Mittag halte ich das noch durch*. Welchen (Aus-)Weg der einzelne Teilnehmer wählt, hat viel mit seiner Persönlichkeit und mit seiner emotionalen Betroffenheit zu tun. Je stärker Gefühle im Spiel sind, desto eher wird sich die Unzufriedenheit in Aggressionen ausdrücken. Es können aber auch Folgeeffekte auftreten. Der Teilnehmer zieht sich erst einmal zurück, verliert dadurch noch mehr das Interesse. Und dann »nervt« ihn der Unterricht umso mehr. Dann können am Ende doch wieder Aggressionen stehen.

Reaktionen bei Unzufriedenheit

Dabei ist der Rückzug aus Sicht des Lernerfolgs genauso kritisch wie Aggression. Beides mindert den Erfolg, bei Aggressionen kommt hinzu, dass sich vielfach auch die Gruppe anstecken lässt. Dann kann aus der Unzufriedenheit eines Teilnehmers eine kollektive Unzufriedenheit werden. Und deshalb ist es wichtig, dass Sie wissen, welche Teilnehmer aus welchen Gründen in Ihr Seminar kommen.

Kollektive Unzufriedenheit

DIE BEDEUTUNG DER TEILNEHMER-ERWARTUNGEN

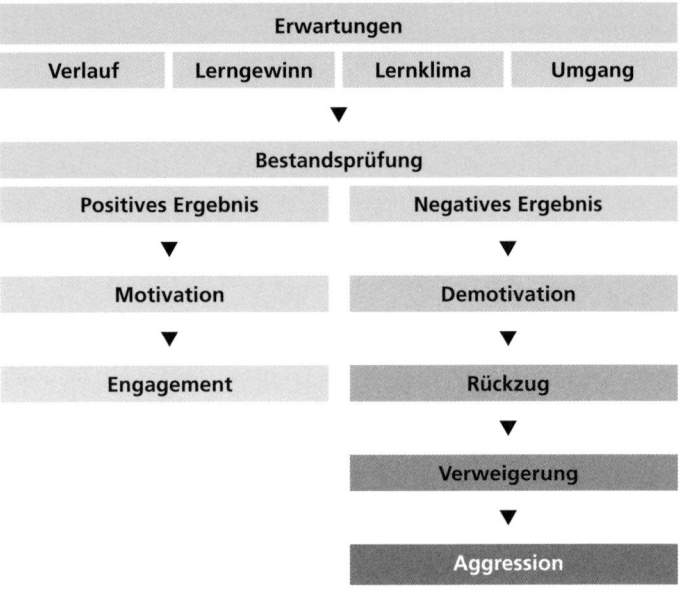

Ihr Ziel: zufriedene Teilnehmer

Als Erstes benötigen Sie im beruflichen Bereich Informationen über die Aufgaben, die Arbeitsplätze und die Arbeitsbedingungen der Teilnehmer, im privaten Bereich über die Lebenssituation. Nur dann können Sie die spezifische Situation der Teilnehmer aufgreifen, Ihre Inhalte darauf abstimmen und ihnen Hilfe bei der Bewältigung ihrer Probleme bieten.

Wer sind Ihre Teilnehmer?

Bleiben noch vier wichtige Faktoren: Welche Vorkenntnisse haben die Teilnehmer zum Thema? Welche Wünsche, welche Erwartungen haben sie, welchen Nutzen versprechen sie sich von der Schulung und mit welcher Motivation kommen sie in Ihr Seminar? Ein großes Problem ist in diesem Zusammenhang die *Heterogenität* vieler Kursgruppen. Wenn die einzelnen Teilnehmer zu unterschiedliche Vorstellungen über die Inhalte und den Seminarverlauf haben, wenn einige eher an einer »Freizeitveranstaltung« interessiert sind, andere aber bestimmtes Wissen brauchen, um ihre Alltagsprobleme zu lösen, kann es schnell zu Schwierigkeiten kommen.

VORKENNTNISSE

Die Vorkenntnisse und Vorerfahrungen der Teilnehmer sind von entscheidender Bedeutung für die Unterrichtsplanung und -gestaltung. Ein Seminar kann nur dann wirklich effizient sein, wenn es im starken Maße die Vorkenntnisse und Vorerfahrungen der Teilnehmer berücksichtigt. Ansonsten sinkt die Motivation, der Lernerfolg ist gefährdet. Die Vorkenntnisse und Erfahrungen, auf die es ankommt, stammen vielfach aus dem *Berufsalltag* der Teilnehmer. Die meisten Seminare zielen ja darauf ab, die Alltagssituation zu verbessern.

Wissen aus anderen Seminaren kann zu einem Störfaktor werden und zur Unterforderung führen, wenn sich die Inhalte zu sehr ähneln. Mögliche Auswirkungen sind Unter- oder Überforderung – je nachdem, was Sie an Wissen voraussetzen und auf welchem Niveau den Unterricht gestalten.

_{Vorkenntnisse und Vorerfahrungen berücksichtigen}

LERNBEDÜRFNISSE UND MOTIVATION

Motivation ist ein besonders wichtiger Faktor für den Lernerfolg. Wenn sie nicht stimmt, nützt der beste Unterricht nichts: Die Teilnehmer werden unzufrieden sein und ungern lernen.

Auf der anderen Seite interessieren sich motivierte Teilnehmer meist für das Seminarthema, haben sich häufig schon damit beschäftigt, engagieren sich im Lernprozess, bringen ihre Wünsche

Motivierte Teilnehmer lernen gern

und Erfahrungen ein, nehmen viel an Erkenntnissen aus dem Seminar mit und setzen auch viel des Gelernten in der Praxis um. Auch auf die Zufriedenheit mit dem Verlauf und dem Ergebnis der Schulung wirkt sich die Motivation positiv aus. Motivierte Teilnehmer tragen selten zu Problemen im Seminar bei – im Gegenteil, sie helfen mit, Schwierigkeiten aus dem Weg zu räumen.

Beweggründe für Seminarbesuch

Es gibt sehr unterschiedliche Gründe, warum Teilnehmer Seminare besuchen. Die einen kommen, um beruflich weiterzukommen, andere, weil sie sich auf ein neues Aufgabengebiet vorbereiten wollen, und wieder andere, weil sie sich generell für neue Entwicklungen interessieren. Ein nicht geringer Teil kommt zum Seminar, um sich mit anderen über die berufliche Situation auszutauschen und von anderen Bestätigung und Anregungen zu erhalten. Ebenfalls häufig ist der schlichte Grund, einmal aus dem Alltagstrott herauszukommen und etwas Neues zu hören und zu sehen.

MOTIVE VON SEMINARTEILNEHMERN

- **Bewältigungsmotive:**
  Die Teilnehmer sind unzufrieden, haben Probleme und versprechen sich vom Seminar Lösungen.

- **Berufsmotive:**
  Die Teilnehmer möchten vorwärtskommen, eine bessere Position oder eineinteressantere Aufgabe erhalten.

- **Bildungsmotive:**
  Die Teilnehmer lernen aus Lust am Lernen, möchten ihren Horizont erweitern und mitreden können.

- **Kontaktmotive:**
  Die Teilnehmer möchten andere Leute mit ähnlichen Aufgaben kennenlernen und Erfahrungen austauschen.

- **Freizeitmotive:**
  Die Teilnehmer möchten sich ein paar schöne Tage machen.

Vielleicht ist aber auch der einzige Grund für die Teilnahme, dass der Teilnehmer von seinem Vorgesetzten geschickt wurde. Bei solch einer *extrinsischen Motivation* steht nicht der Lerngegenstand im Mittelpunkt, sondern das, was der Teilnehmer erreichen kann, wenn er das Seminar absolviert hat. Das Seminar ist sozusagen die Brücke, die zum Ziel führt. Er lernt, um gute Noten, eine gute Bewertung oder finanzielle Vorteile zu erreichen oder um an Ansehen zu gewinnen, andere zu beeindrucken oder nicht zu enttäuschen. Zu dieser Gruppe gehören meist Teilnehmer, die nicht selbst entschieden haben, an dem Seminar teilzunehmen.

Extrinsische Motivation

Problematisch können allerdings auch übermotivierte Teilnehmer sein. Denn auch sie sind schnell enttäuscht, wenn und weil man nicht ihren Wünschen entsprechend auf sie eingehen kann. Deshalb gilt: Je höher die Motivation, desto höher oft auch die Erwartungen, desto größer aber auch die Frustration, wenn die Erwartungen nicht erfüllt werden.

Ohne die Lernbedürfnisse der Teilnehmer zu kennen und zu berücksichtigen, muss jedes Seminar Stückwerk bleiben. Und weil Unzufriedenheit und damit potenziell Schwierigkeiten im Seminar vorprogrammiert sind, wenn Sie zu wenig auf die Bedürfnisse der Teilnehmer eingehen, müssen Sie versuchen, diese Informationen zu ermitteln. Je früher Ihnen das gelingt, desto besser. Am besten ist es natürlich, schon vor der Schulung die Bedürfnisse der Teilnehmer möglichst genau zu kennen. Ideal ist es, wenn Sie bereits vorab persönlichen Kontakt mit den Teilnehmern aufnehmen können. Das stellt in der Regel leider die Ausnahme dar. Der Aufwand ist sehr hoch.

Lernbedürfnisse kennen und integrieren

> **TIPP**
> Nehmen Sie die Bedürfnisse Ihrer Teilnehmer ernst und schneiden Sie Ihren Unterricht auf diese Bedürfnisse zu. Damit lassen sich Frustrationen und Folgeprobleme vermeiden. Denken Sie daran: Die Un-Erhörten verhalten sich gerne unerhört.

PRAXISNUTZEN

Der Erfolg eines Seminars muss sich immer auch an der Übertragbarkeit des Wissens auf die Alltagssituation messen lassen. Wenn die Teilnehmer merken, dass ihnen zu viel Theorie präsentiert wird und der Nutzen für ihre tägliche Arbeit gering ist, sinkt das Interesse am Unterricht. Um den Praxisbezug zu berücksichtigen, muss man die Arbeitsplätze der Teilnehmer kennen. Kennt man sie nicht aus eigener Anschauung, sollte ein Vorgespräch stattfinden. Im Idealfall werden durch solch ein Gespräch konkrete Anhaltspunkte darüber gewonnen:

Praxisnutzen im Vorgespräch kennenlernen

- welche Aufgaben erledigt werden müssen,
- welche Tätigkeiten dann erforderlich sind,
- welche Probleme und Schwachstellen es gibt,
- wie diese Schwachstellen beseitigt werden können,
- wie die Teilnehmer effizienter, stressfreier ihr Arbeitspensum bewältigen und
- eine andere Einstellung zu ihrer Arbeit entwickeln können.

Ist solch ein Gespräch nicht möglich, sollten Sie die Anfangsphase der Schulung nutzen, sich von der Arbeitssituation, den Praxiserfahrungen und den Arbeitshemmnissen berichten zu lassen.

ERWARTUNGEN

Ihre Teilnehmer haben Erfahrungen und bringen diese ins Seminar mit. Diese Erfahrungen prägen das Bild, das sie im Kopf haben, wenn sie den Seminarraum betreten. Und in dieses Bild mischen sich viele Eindrücke, bewusst und unbewusst – etwa Erinnerungen an die Schulzeit, an die Ausbildung, an frühere Seminare. Die Teilnehmer haben vielleicht auch etwas von anderen gehört – über das Seminar, über Sie, vielleicht haben sie auch schon an einem Seminar bei Ihnen teilgenommen. Sie haben spannende und langweilige Stunden im Unterricht verbracht, gute und schlechte Trainer erlebt. Sie finden das Thema höchst interessant, haben schon viel darüber gelesen oder wurden ins Seminar geschickt, ohne auch nur das Geringste vom Thema zu halten.

Erfahrungen und Einstellungen der Teilnehmer

Diese Eindrücke und Vorerfahrungen schaffen eine Einstellung, und diese Einstellung spiegelt sich in einer individuellen Erwartungshaltung wider. Wobei Sie nur hoffen können, dass diese Eindrücke und Vorerfahrungen nicht (zu) negativ ausfallen.

Natürlich können Sie die Erwartungen zumindest bezüglich Ihrer eigenen Schulung beeinflussen und damit Enttäuschungen vorbeugen. Dies geschieht am besten bereits im Vorfeld – über die Ausschreibung und das Seminarprogramm mit der Beschreibung der Ziele, Inhalte und des Ablaufs. Voraussetzung ist, dass im Vorfeld alle Teilnehmer das Programm erhalten haben, möglichst bevor sie endgültig entscheiden, ob sie am Seminar teilnehmen oder nicht. Ankündigung und Programm müssen daher aussagekräftig sein.

Enttäuschungen vorbeugen

Prüfen Sie, ob Sie weitere Möglichkeiten der Vorinformation nutzen können: Ist es möglich, den Teilnehmern vorab zusätzliche Informationsquellen wie einen einführenden Text zum Thema, das Schulungsskript oder ein Lernprogramm anzubieten?

Vorab über Teilnehmer informieren

Überlegen Sie auch, ob Sie den Teilnehmern einige Wochen vor Beginn der Schulung eine Erwartungsabfrage zusenden können. Dadurch erhalten Sie wertvolle Informationen darüber, was sie von Ihnen erwarten, und können sich bei der Planung darauf einstellen. Solch eine Erwartungsabfrage könnte so aussehen:

> **TIPP**
>
> Sehr geehrte ...
>
> Sie haben sich zum Seminar ... angemeldet. Ich als Seminarleiter freue mich, Sie am ... um ... in ... begrüßen zu können. Um das Seminar ganz auf Ihre Bedürfnisse abstimmen zu können, möchte ich Sie um einige Informationen bitten. Sie helfen mir damit sehr, und natürlich bleiben die Angaben anonym. Bitte beantworten Sie die folgenden Fragen:
> - Warum haben Sie sich für dieses Seminar entschieden?
> - Welche Ziele verfolgen Sie mit dem Seminar?
> - Welche Aspekte interessieren Sie bei diesem Thema besonders?
> - Haben Sie schon mal an einem Seminar mit ähnlichem Inhalt teilgenommen?

Standardisierte Erwartungsabfrage

Vielleicht können Sie solch eine Erwartungsabfrage standardmäßig bei Ihren Seminaren einsetzen. Die Abfrage schützt Sie vor bösen Überraschungen. Gleichzeitig eröffnet sich Ihnen die Möglichkeit, bei zu heterogenen Gruppen und zu unterschiedlichen Erwartungen die Situation und das weitere Vorgehen mit dem Auftraggeber zu klären.

Eine letzte Gelegenheit ergibt sich wieder zu Beginn des Seminars. Lassen Sie sich die Erwartungen nennen, verdeutlichen Sie aber gleichzeitig, was Sie Ihren Teilnehmern bieten können und was nicht.

Generell gilt: Je früher und systematischer Lernbedürfnisse analysiert sind, desto besser kann sich der Dozent auf diese Bedürfnisse einstellen. Spätestens zu Beginn des Seminars müssen Sie sich Klarheit über die Lernbedürfnisse und das Vorwissen verschafft haben.

Achten Sie darauf, dass Sie nicht erst in der Anfangsphase des Seminars damit beginnen, jene Informationen zu sammeln. Denn wenn einzelne Teilnehmer erst jetzt erkennen, dass das Seminar eigentlich nicht ihren Bedürfnissen entspricht, oder wenn Sie erst jetzt erkennen, dass Sie einzelnen Teilnehmern nicht das bieten können, was sie erwarten, ist es eigentlich zu spät. Klären Sie aber im Seminar die Erwartungen noch detaillierter ab. Gängig sind in der Anfangsphase vier Methoden:

Erwartungsabfrage im Seminar

- *Vorstellungsrunde:* Die Teilnehmer äußern sich (auch) zu ihren Vorerfahrungen und Erwartungen.
- *Kartenabfrage:* Die Teilnehmer schreiben ihre Wünsche auf Karten. Die Karten werden eingesammelt und Oberbegriffen zugeordnet. Die so entstandene Übersicht wird gemeinsam diskutiert und – wenn möglich – daraus die inhaltliche Planung des Seminars abgeleitet.
- *Rundfrage:* Alle Teilnehmer nehmen nacheinander dazu Stellung, warum sie dieses Seminar besuchen.
- *Abfrage per Zuruf:* Der Trainer stellt sich an das Flipchart und schreibt auf, was Teilnehmer ihm an Wünschen und Interessenschwerpunkten nennen, ohne die Äußerungen zu kommentieren.

Methoden für Anfangsphase des Seminars

> **TIPP**
> Halten Sie die Erwartungen der Teilnehmer und deren Themenwünsche schriftlich auf einem Medium fest. Dann können Sie besser kontrollieren, was Sie bereits »abgearbeitet« haben.

Über bisherige Erfahrungen sprechen

Möglich ist auch, als ersten Themenblock im Unterricht die Teilnehmer über ihre bisherigen Erfahrungen reflektieren zu lassen. Dies geschieht in Gruppenarbeit. Als Ergebnis schreiben die Teilnehmer Bewährtes (Trittsteine) und typische Probleme (Stolpersteine) auf. Die Stolpersteine können dann im Laufe des Seminars behandelt werden. Am Ende der Schulung können Sie überprüfen, ob Sie alle Stolpersteine »abgearbeitet« haben.

Ungeschriebenen Vertrag konkretisieren

Gleichzeitig können Sie Ihren »Vertrag« mit den Teilnehmern noch einmal konkretisieren. Was können Sie leisten, was nicht? Es ist wichtig, dass Sie dies deutlich machen. Kanalisieren Sie die Erwartungen und treffen Sie mit Ihren Teilnehmern eine Vereinbarung über Inhalte und Ablauf der Schulung. Verbinden Sie dies möglichst mit einem Angebot, Lernwünsche, die nur bei einzelnen Teilnehmern vorhanden sind, zu erfüllen:

- Verweisen Sie auf einschlägige Literatur.
- Versprechen Sie Teilnehmern, ihnen nach dem Seminar schriftliche Materialien zukommen zu lassen.
- Vermitteln Sie den Kontakt zu einem Fachmann, der sich mit dem Thema beschäftigt.
- Schaffen Sie Raum für den Erfahrungsaustausch in kleinen Gruppen mit gleichartigen Interessen.
- Bieten Sie zum Ende des Schulungstages eine Sprechstunde für Einzelfragen an.

TIPP Fragen Sie im Seminar regelmäßig nach, ob die gesetzten Erwartungen (bis zu diesem Punkt) erfüllt sind. Es nützt Ihnen nichts, wenn Sie erst in der Abschlussbesprechung erfahren, dass die Teilnehmer enttäuscht sind.

VORAUSSETZUNGEN DER TEILNEHMER BERÜCKSICHTIGEN

✓

1. Versuchen Sie vor der Schulung die Voraussetzung der Teilnehmer zu ermitteln. ❏

2. Überlegen Sie, ob Sie eine Erwartungsabfrage einsetzen können. ❏

3. Analysieren Sie, ob Sie diese Erwartungen erfüllen können. ❏

4. Nutzen Sie die Anfangsphase des Unterrichts, um Ihren Vorschlag zum Ablauf des Seminars mit den Wünschen der Teilnehmer abzugleichen. ❏

5. Binden Sie die Erfahrungen der Teilnehmer in Ihre Schulung ein. ❏

6. Arbeiten Sie mit aktivierenden Methoden, fördern Sie den Austausch. ❏

3. WICHTIGER FAKTOR: DER RAHMEN

> **BEISPIEL**
>
> Ihr Seminar findet erstmals in einem neuen Hotel statt. Um abzusichern, dass auch alles in Ordnung ist, reisen Sie schon am Vorabend an. Obwohl Ihnen das Hotel dies vorab zugesagt hat, ist kein Stuhlkreis aufgebaut, sondern Tische in U-Form. Die Tische sind groß und schwer, können aber an den Rand geschoben werden. Das kostet allerdings Platz und sieht auch nicht überwältigend aus.
> Die Medien sind vorhanden. Die Videokamera probieren Sie sicherheitshalber aus. Sie funktioniert.
> Und dann passiert am ersten Tag das, was Sie immer schon befürchtet haben. Als Sie die Übung vor der Videokamera abgeschlossen haben und mit den Teilnehmern besprechen wollen, fehlt der Ton – die Aufnahmen sind wertlos. Dabei hatten Sie die Kamera doch extra ausprobiert.

Rahmenbedingungen   Unterricht findet immer unter bestimmten Rahmenbedingungen statt. Denken Sie nur an den Seminarort oder den Seminarraum. Dieser Rahmen nimmt Einfluss auf das Seminar – und er kann ein Seminar zum Scheitern bringen. Deshalb ist es wichtig, auch die Frage zu stellen, was einen günstigen Rahmen ausmacht und wie Sie ihn beeinflussen können.

Äußere Faktoren   Erst einmal können *äußere Faktoren* die Stimmung im Seminar negativ beeinflussen. So kann der Schulungsraum zu klein sein, im Sommer die Sonneneinstrahlung zu hoch, im Winter die Heizung zu schwach. Verpflegung und Unterkunft genügen mitunter nicht den Ansprüchen der Teilnehmer. Für das Arbeitsklima ist es gut, wenn die Teilnehmer abends noch in gemütlicher Runde zusammensitzen und sich (und ihren Trainer) kennenlernen können. Gerade bei längeren Schulungen wünschen sich die Teilnehmer Freizeiteinrichtungen.

Ein besonders kritischer Faktor ist die *Raumausstattung*. Sind die Tische wie in der Schule hintereinander aufgestellt und dann womöglich noch miteinander verschraubt, und fehlen Gruppenräume und Gruppentische, können Sie nicht die Qualität des Unterrichts liefern, die von Ihnen erwartet wird.

Raumausstattung

Abträgliche Rahmenbedingungen dürfen nicht vorkommen. Sie sollten sie frühzeitig als Schwierigkeit benennen und sich gegebenenfalls weigern, unter solch widrigen Bedingungen zu arbeiten.

Verzichten Sie nicht auf unterschiedliche *Medien*, sie gehören zu einem professionellen Unterricht. Auf keinen Fall sollten Sie nur mit einem Medium, etwa dem Beamer, arbeiten. Zwei, besser noch drei Medien sind eigentlich Standard. Denn Unterricht lebt von der Abwechslung, und diese erreichen Sie durch einen gezielten Einsatz unterschiedlicher Methoden, zu denen unterschiedliche Medien gehören. Eine Gruppenarbeit lässt sich nun einmal nur schlecht mithilfe eines Beamers auswerten.

Medieneinsatz

Zum Rahmen gehört auch die *Teilnehmerzahl*: Einen IT-Kurs mit 18 Teilnehmern ist genauso unmöglich wie eine verhaltensorientierte Schulung mit 25 Leuten. Denn dann können Sie sich um den einzelnen Teilnehmer und seine Bedürfnisse kaum kümmern. Und die Teilnehmer haben keine Möglichkeit, sich aktiv einzubringen. Das wiederum schmälert den Lernerfolg. Bei zu wenigen Teilnehmern wiederum kann der Erfahrungsaustausch leiden.

Teilnehmerzahl

FÜR GUTE RAHMENBEDINGUNGEN SORGEN

✓

1.	Sehen Sie sich den Schulungsraum vorab an und achten Sie auf die richtige Anordnung der Tische und Stühle. ☐
2.	Überlegen Sie, welche Medien Sie für Ihren Unterricht benötigen, und fordern Sie diese an. ☐
3.	Verzichten Sie nicht auf Medien, die Sie für einen abwechslungsreichen Unterricht benötigen. Bringen Sie sie notfalls selbst mit. ☐
4.	Achten Sie auf eine angemessene Teilnehmerzahl. Machen Sie Ihrem Auftraggeber deutlich, dass sich dies auf die Qualität der Schulung auswirkt. ☐

4. RICHTUNGWEISEND: DIE ERSTEN MINUTEN

> **BEISPIEL**
>
> Sie sind nervös, weil Sie gleich ein Seminar mit Führungskräften eröffnen, die von ihrer Geschäftsführung zu dem Seminar abgeordnet wurden. Sie erwarten Widerstände. Und dann passiert Ihnen gleich zu Beginn, dass Sie sich verhaspeln und anfangen zu stottern. Sie haben Mühe, sich wieder zu fangen, und fragen sich, wie Sie die nächsten drei Tage überstehen sollen.

Die ersten Minuten im Seminar sind von besonderer Bedeutung, denn die Teilnehmer machen sich hier ein erstes Bild von Ihnen. Dies dauert wenige Minuten, ist aber prägend für den Rest des Seminars. Denn mit dem Ersteindruck bildet der einzelne Teilnehmer ein *Vor-Urteil*. Wichtig ist bei dem Wort der Bindestrich. Der Teilnehmer nimmt Ihr Auftreten und Ihr Verhalten wahr und bewertet es: sympathisch oder unsympathisch, kompetent oder inkompetent, interessant oder uninteressant und so weiter.

Die Bedeutung des ersten Eindrucks

Dieses Vor-Urteil erfolgt spontan und ist mal mehr, mal weniger zutreffend. In jedem Fall beeinflusst es aber die Einstellung. Hat der Teilnehmer ein positives Bild von Ihnen gewonnen, wird er Sie auch in den nächsten Stunden und Tagen wohlwollend betrachten. Alles, was seinem Bild, seinem Vor-Urteil entspricht, wird er bereitwillig wahrnehmen, alles, was nicht dem Bild entspricht, läuft Gefahr, von ihm ignoriert zu werden. Menschen sehen eben gerne ihre Ansichten bestätigt.

Vor-Urteile berücksichtigen

Man hat in Untersuchungen festgestellt, dass sich ein Trainer nach einem positiven Start sogar ruhig einen Fauxpas erlauben kann – der Eindruck der Teilnehmer bleibt trotzdem positiv.

TIPP Für den Eindruck, den Sie bei den Teilnehmern hinterlassen, ist es wichtig, dass Sie sich nicht verstellen. Seien Sie authentisch.

Fehler zu Seminarbeginn vermeiden

Erwischt man einen unglücklichen Einstieg, muss man sich anstrengen, diesen Eindruck wieder zu revidieren. Ob die Teilnehmer zu Beginn Ihres Seminars eine rosafarbene oder doch eher eine dunkelgraue Brille aufsetzen, liegt damit in erster Linie an Ihnen. Deshalb hier Hinweise auf häufige Fehler und worauf sie stattdessen Wert legen sollten:

FEHLER	POSITIVPOSTEN
Sie kommen abgehetzt in letzter Minute in den Seminarraum.	Seien Sie so rechtzeitig im Schulungsraum, dass Sie Ihre Vorbereitungen abgeschlossen haben, bevor die ersten Teilnehmer sich einfinden.
Sie sind noch mit allerlei Vorbereitungen beschäftigt, wenn die Teilnehmer den Seminarraum betreten.	Widmen Sie sich Ihren Teilnehmern, wenn sie den Raum betreten. Gehen Sie auf sie zu, begrüßen Sie sie, versuchen Sie mit ihnen ins Gespräch zu kommen.
Sie verschanzen sich hinter Ihrem Arbeitstisch.	Stehen Sie auf, wenn Sie die Teilnehmer begrüßen. Gehen Sie in den Raum hinein. Suchen Sie die Nähe, ohne den Teilnehmern auf die Pelle zu rücken.
Kleidung ist für Sie nicht wichtig, Sie haben Ihren eigenen, etwas unkonventionellen Stil entwickelt.	Wie heißt es so schön: Kleidung ist eine Referenz an die Teilnehmer und an die Institution, für die Sie arbeiten. Achten Sie auf diesen Punkt.

Sie stellen sich mit wenigen, lapidaren Worten vor: *Meine Name ist Meier, Rolf Meier, ich bin aus Köln und für die nächsten drei Tage Ihr Dozent.*	Stellen Sie sich so ausführlich vor, dass die Teilnehmer ein Bild von Ihnen gewinnen können. Denn Ihre Teilnehmer sind neugierig und möchten schon wissen, mit wem sie es zu tun haben.
Sie stellen sich sehr ausführlich vor: *Ich habe angefangen bei einem kleinen, mittelständigen Unternehmen, als Lehrling. Ich kann Ihnen sagen, das war keine leichte Zeit ...*	Geben Sie einige interessante Informationen von sich preis, stellen Sie den Bezug zum Thema her. Erzählen Sie nicht in aller Ausführlichkeit Ihr Leben.
Sie versuchen bewusst lustig zu sein: *Ich hab gestern einen Witz gehört ...*	Vermeiden Sie Anbiederung. Sie wirken durch Ihr Auftreten, nicht durch Witze oder Schmeicheleien.
Sie verhaspeln sich bereits bei den ersten Sätzen: *Das Thema Verschieberitis oder lateinisch ... äh ... Lateinisch Pro ... Ah ...*	Legen Sie sich die ersten Sätze zurecht. Vermeiden Sie Zungenbrecher. Setzen Sie gleich ein Medium ein. Das dient Ihnen dann als Stichwortzettel.
Sie beginnen mit Formalia: *Sie haben mittags die Wahl zwischen drei Menus, ein Menu ist vegetarisch ...*	An den Anfang stellen Sie das Kennenlernen und den Anlass, warum die Teilnehmer zu Ihnen gekommen sind.
Sie beten eine lange Liste herunter, was Sie alles von den Teilnehmern erwarten: *Im Seminar wird weder geraucht noch gegessen, Handys ...*	Sie beginnen freundlich. Regeln zur Zusammenarbeit stellen Sie ans Ende. Verpacken Sie sie positiv oder tragen Sie sie humorvoll vor.
Sie beginnen mit einem negativen Einstieg: *Ich weiß, dass Sie alle unfreiwillig hier sind, und der Schulungsraum ist eigentlich ungeeignet ...*	Lassen Sie negative Dinge zumindest am Anfang weg.

Sie loben sich erst einmal selbst: *Ich bin einer der wenigen Fachleute in Deutschland, der …*	Lassen Sie alles weg, was die Teilnehmer als Eigenlob, als indirekte Kritik an ihnen oder als Überheblichkeit interpretieren könnten.
Anregungen von Teilnehmern interessieren Sie eigentlich wenig. Sie wollen in Ruhe Ihren Unterricht machen: *Ich arbeite nach Programm. Änderungswünsche hätten Sie vorab einbringen sollen …*	Seien Sie flexibel, ohne das ganze Programm über den Haufen zu werfen.
Sie sind nett zu den Teilnehmern und greifen jede Anregung gerne auf: *Natürlich können wir mittags zwei Stunden Pause machen. Dann straffe ich den Stoff halt ein bisschen.*	Sie haben Ihren Stoff, Sie haben die vorgegebene Zeit. Halten Sie sich daran. Sonst werden Sie unglaubwürdig. Am Anfang erwarten Ihre Teilnehmer von Ihnen eine klare Linie.
Sie machen deutlich, dass Sie sich mit dem Thema noch nicht so richtig beschäftigt haben: *Ich habe erst vor drei Tagen erfahren, dass ich hier und heute …*	Vermeiden Sie alles, das Zweifel an Ihrer Fachkompetenz erzeugen könnte.

Bieten Sie Orientierungshilfen Die Teilnehmer sollten früh das Gefühl haben, dass sie nicht einen autoritären Lehrer vor sich haben, sondern einen kooperativen Trainer, dem ein *partnerschaftlicher Umgang* wichtig ist. Aber: Bestimmen Sie auf der anderen Seite am Anfang des Seminars, wo es langgeht. Die Teilnehmer erwarten gerade zu Beginn eines Seminars von Ihnen eine *Orientierungshilfe*. Legen Sie sich zu Beginn aber nicht zu sehr fest. Bewahren Sie sich Ihren Spielraum bei der Auswahl der Einzelthemen und bei der Festlegung der Pausenzeiten. Und halten Sie von Anfang an Blickkontakt mit Ihren Teilnehmern, auch wenn es Ihnen schwerfällt, weil Sie nervös sind: Reden Sie nicht »über die Köpfe hinweg«. Bemühen

Sie sich, die Teilnehmer von Beginn an mit Namen anzusprechen. Das schafft Verbindlichkeit und Nähe.

Seien Sie vorsichtig mit ironischen Bemerkungen, gerade zu Beginn des Seminars. Sie können schnell missverstanden werden.

Wenn Sie den Kontakt aufgebaut haben, sagen Sie den Teilnehmern, was als Nächstes auf sie zukommt. Auch dies dient wieder der Orientierung. Meistens stehen am Anfang einer Schulung folgende Punkte:

Das Seminar beginnt

- Teilnehmer begrüßen,
- gegenseitige Vorstellung,
- Einstimmung auf das Thema,
- Vorstellung der Inhalte und Ziele,
- Abfrage der Erwartungen,
- organisatorische Hinweise und
- Anmerkungen zum Seminarort.

TIPP

1. Halten Sie die Einstiegsphase möglichst kurz. Sonst haben die Teilnehmer womöglich den Eindruck, Sie »ziehen« den Unterricht, weil Sie zu wenig Stoff haben.
2. Achten Sie darauf, dass Sie mit den Vorbereitungen fertig sind, wenn die ersten Teilnehmer eintreffen.
3. Überlegen Sie sich vorab, wie Sie den Einstieg gestalten können.
4. Achten Sie auf einen persönlichen, positiven und motivierenden Einstieg.
5. Geben Sie den Teilnehmern eine gute Orientierung.
6. Gehen Sie auf die Teilnehmer zu.
7. Vermeiden Sie typische Fehler wie eine unzureichende Vorstellung, einen negativen Einstieg oder Eigenlob.

5. IM ZENTRUM: SIE ALS TRAINER

BEISPIEL

Gerade haben Sie ein Training abgeschlossen, im Teamteaching gemeinsam mit einem Kollegen. Und eigentlich haben Sie sich etwas geärgert. Sie sind im Thema viel besser drin und können den Teilnehmern auch mehr mitgeben. Aber Ihr Kollege kommt bei vielen Teilnehmern besser an. Dabei finden Sie seinen komischen Humor und seine weitschweifigen Geschichten eher störend.

Faktoren für Lernerfolg — Sie als Person und Ihr Verhalten sind die ausschlaggebenden Faktoren für den Lernerfolg und für die Zufriedenheit der Teilnehmer. Das zeigen verschiedene Untersuchungen. Deshalb ist es so wichtig, dass Sie sich über sich selbst und Ihr Verhalten Gedanken machen.

SIE ALS PERSON

Es gibt Trainer, denen fliegen die Herzen zu, es gibt aber auch welche, die sich die Sympathie der Teilnehmer erarbeiten müssen. Es gibt Trainer, die eine natürliche Autorität besitzen, und solche, die sich erst Respekt verschaffen müssen. Manche Trainer kommen besonders gut mit Frauen oder Männern, Jungen oder Älteren, Mitarbeitern oder Führungskräften aus.

IHRE PERSÖNLICHKEIT

Warum sind Sie Trainer geworden? Ich hoffe, die Antwort lautet nicht *Ich brauche das Geld* oder *Ich bin da so reingerutscht*, sondern: *Es macht mir Spaß, mit Menschen umzugehen und ihnen etwas beizubringen.*

Um als Trainer zu arbeiten, ist es von Vorteil, bestimmte Eigenschaften zu besitzen. Man sollte beispielsweise tatsächlich gerne mit anderen Menschen zusammen sein. Ich möchte Sie darum einladen, eine Kurzanalyse Ihrer Persönlichkeit vorzunehmen. Zum einen können Sie dann besser einschätzen, wie Sie wirken, zum anderen erhalten Sie Hinweise, warum Sie mit der einen oder anderen Seminarsituation gut oder weniger gut umgehen können.

Kurzanalyse Ihrer Persönlichkeit

ANLEITUNG FÜR IHRE PERSÖNLICHKEITSANALYSE

So wird es gemacht: Zu jeder Frage finden Sie jeweils zwei Alternativen. Kreuzen Sie bitte entweder das **a** oder das **b** an, je nachdem, welcher Aussage Sie eher zustimmen würden. Antworten Sie möglichst zügig und spontan. Trifft weder »a« noch »b« zu, kreuzen Sie bitte nichts an. Die Analyse auf den Seiten 38 bis 40 besteht aus drei Teilen.

TEIL 1:

1. Auf Partys
a stehe ich gerne im Mittelpunkt ☐
b halte ich mich lieber zurück ☐

2. Ich bin lieber
a in Gesellschaft mit anderen ☐
b für mich allein ☐

3. Sportliche Aktivitäten
a unternehme ich lieber in einer Gruppe ☐
b treibe ich lieber für mich ☐

4. Über die privaten Probleme und Sorgen meiner Kollegen
a bin ich gut informiert ☐
b weiß ich eher wenig ☐

5. Ich habe
a eine Reihe von Freunden ☐
b nur wenige Freunde ☐

ERGEBNISSE TEIL 1:

Bitte zählen Sie die Antworten zusammen, bei denen Sie »a« oder »b« angekreuzt haben. Schreiben Sie die Zahlen in das Kästchen.

Antworten

a	b

TEIL 2:

1. Ich bin ein Mensch,
   a der sich an Fakten hält ☐
   b der gerne auch einmal spekuliert ☐

2. Horoskope
   a sind für mich Humbug ☐
   b ziehe ich bisweilen zu Rate ☐

3. Traditionen
   a sind für mich liebenswerte Rituale ☐
   b sind für mich alte Zöpfe ☐

4. Entscheidungen
   a treffe ich nach reiflicher Überlegung ☐
   b meist aus dem Bauch heraus ☐

5. Wichtig sind für mich
   a klare Strukturen ☐
   b viel Abwechslung ☐

ERGEBNISSE TEIL 2:

Bitte zählen Sie die Antworten zusammen, bei denen Sie »a« oder »b« angekreuzt haben. Schreiben Sie die Zahlen in das Kästchen.

Antworten

a	b

TEIL 3:

1. Mit unbekannten Situationen
   a komme ich gut zurecht ☐
   b komme ich eher schlecht zurecht ☐

2. Mir ist es lieber,
   a dass ich Entscheidungen selber treffe ☐
   b dass ich Entscheidungen mit anderen abstimme ☐

3. Meinen Wesen entspricht es eher,
   a andere zu leiten und zu führen ☐
   b mich in eine Gruppe einzufinden ☐

4. Bei Entscheidungen
   a versuche ich meine Position durchzudrücken ☐
   b gehe ich auch gerne auf die Vorschläge anderer ein ☐

5. Schwierigkeiten
   a sehe ich eher als Herausforderung ☐
   b sehe ich eher als Probleme ☐

ERGEBNISSE TEIL 3:

Auch hier zählen Sie bitte die Antworten zusammen.

Antworten

a	b

Jetzt haben Sie eine erste Analyse Ihrer Persönlichkeit vorgenommen. Bevor Sie erfahren, was sich hinter den Ergebnissen verbirgt, noch einige kurze Hinweise zum Hintergrund des Tests:

Es gibt drei Eigenschaften, die grundlegend für die Persönlichkeit eines Trainers sind. Das Gute an diesen Grundeigenschaften: Sie geben eine gute Basis für die Beschreibung des Trainerverhaltens ab. Das Schlechte an diesen Eigenschaften: Sie sind fundamental, angeboren oder früh erworben und lassen sich nicht mal eben ändern. Diese drei Eigenschaften sind:

Grundlegende Eigenschaften

- Umgang mit anderen – hier gibt Teil 1 des Tests Aufschluss,
- Umgang mit Aufgaben – wichtig ist Teil 2, und
- Umgang mit sich selbst – beachten Sie dazu Teil 3 des Tests.

Sehen Sie sich bitte zunächst Ihre Ergebnisse im ersten Teil an. Zu jeder Grundeigenschaft gehören immer zwei Ausprägungen, die sich mit den Begriffen »Nähe« und »Distanz« beschreiben lassen. Haben Sie mehr Punkte bei **a**, sind Sie tendenziell ein Nähemensch, haben Sie mehr Punkte bei **b**, sind Sie eher ein Distanztyp.

Testteil 1: Nähe und Distanz

UMGANG MIT ANDEREN

Nähe	⟵⟶	Distanz
freundlich – gesellig – zuvorkommend – warmherzig – lebhaft – gesprächig – aufgeschlossen – rücksichtsvoll		zurückhaltend – verschlossen – vorsichtig – selbstkritisch – anpassungsfähig

Nähemenschen haben Antennen für andere entwickelt, gehen auf andere zu und auf sie ein. Es sind gesellige Menschen, die gerne mit anderen zusammen sind. *Distanzmenschen* sind eher vorsichtig, lieber für sich alleine, beschäftigen sich gerne mit Dingen, widmen sich ihrem Hobby. Sie warten lieber ab und passen sich lieber an, als sich mit anderen auseinanderzusetzen.

Nähemenschen und Distanztypen

Distanztypen wirken oft unnahbar, kühl und reserviert, sie halten Abstand und fühlen sich unter anderen Menschen nicht so wohl. Der Nähetyp liebt genau dies: Geselligkeit, das Gefühl der Zusammengehörigkeit, den intensiven Kontakt mit anderen. Hinzu kommt: Distanzmenschen neigen in der Folge dazu, die Wissensvermittlung in den Mittelpunkt zu stellen, Nähemenschen bevorzugen Gespräche, Diskussionen, den Erfahrungsaustausch. Es ist nicht unbedingt erforderlich, dass Sie Extremwerte bei der Rubrik »Nähe« haben, aber übermäßig verschlossen sollten Sie auch nicht sein.

Auswertung des zweiten Testteils

Kommen wir zu den Ergebnissen des zweiten Teils und der Frage, ob Sie eher ein ordnungsliebender Mensch sind (**a** überwiegt) oder doch die Abwechslung, den Wandel (**b**) lieben.

UMGANG MIT AUFGABEN

Ordnung	⟵⟶	Lebendigkeit
pünktlich – ordentlich – sorgfältig – pflichtbewusst – zuverlässig – logisch – hartnäckig – verlässlich		impulsiv – ideenreich – kreativ – fantasievoll – humorvoll – temperamentvoll

Ordnung und Lebendigkeit

Die beiden Ausprägungen kennen Sie sicher: Der eine lebt im Chaos, der andere liebt seine akkurate und bis ins letzte Detail durchdachte Planung. Der erste ist eher ein Faktenmensch, liebt Details, orientiert sich am Machbaren und verlässt sich auf seine fünf Sinne. Sein Pendant ist eher ein Gefühlsmensch, dem systematisches Arbeiten eher ein Graus ist, der dafür gerne Ideen und

Strategien entwickelt, aber an der präzisen Ausarbeitung wenig Interesse hat. Bei Ordnungsmenschen besteht im Seminar die Gefahr, dass sie sich zu starr an ihre Vorgaben und ihren Tagesplan halten, beim Gegenpool die Gefahr, dass er gerne Anregungen der Teilnehmer aufgreift und mit ihnen ausführlich diskutiert – darunter leidet dann oft der rote Faden. Ein guter Trainer sollte sowohl systematisch und sauber arbeiten können als auch über eine kreative Ader verfügen, damit der Unterricht nicht langweilig wird.

Im dritten Teil 3 schließlich geht es darum, ob Sie tendenziell eher zu den stabilen Persönlichkeiten (**a** überwiegt) oder doch eher zu den labilen Persönlichkeiten (**b**) gehören.

Der dritte Testteil

UMGANG MIT SICH SELBST

Stabilität	←→	Labilität
selbstsicher – dominant – robust – durchsetzungsfähig – bestimmt – zielstrebig – willensstark		unsicher – verletzbar – verlegen – schüchtern – stressanfällig – ausweichend – ruhelos – nachgiebig

Stabile Persönlichkeiten kommen gut mit Belastungen zurecht. Sie scheinen sie nicht niederzudrücken, sondern eher zu beflügeln, gemäß dem Spruch: *Es gibt keine Probleme, nur Herausforderungen.* Labile Persönlichkeiten hingegen erleben Anforderungen schnell als Belastungen und Belastungen schnell als Stress. Sie entwickeln schneller Ohnmachtgefühle, sehen sich dann nicht als Macher, sondern als Oper.

Stabile und labile Persönlichkeiten

Neben einer solchen Selbstanalyse gibt es auch die Möglichkeit, Ihre Teilnehmer um eine Einschätzung zu bitten. Damit können Sie dann auch Ihr Selbstbild mit dem Bild vergleichen, das Ihre Teilnehmer von Ihnen haben. Nutzen Sie dazu den nebenstehen-

Bewertung durch die Teilnehmer

den Fragebogen auf Seite 45. Sie finden ihn auch auf der Begleit-CD.

Auswertung Vielleicht sind Sie mit einzelnen Ergebnissen nicht zufrieden. Dann sollten Sie sich fragen, wie dieser Eindruck bei den Teilnehmern entstanden ist. Die Teilnehmer beobachten Ihr Verhalten und ziehen ihre Schlüsse. Ihr Verhalten können Sie aber ändern, wenn Sie wissen, welchen Eindruck Sie damit erzeugen.

IHRE STÄRKEN

Durch die Kurzanalyse erhalten Sie Hinweise auf Ihre Stärken. Begehen Sie bitte nicht den Fehler, damit zu hadern, was Sie alles nicht können. Der eine Trainerkollege hat viel Humor, der zweite kommt besonders gut mit Führungskräften zurecht, der dritte kann auch schwierige Zusammenhänge sehr anschaulich erklären, der vierte ist ein richtiger Entertainer.

Stellen Sie die Stärken in den Vordergrund Die andauernde Beschäftigung mit vermeintlichen Schwächen führt meist nur zu einem Punkt: Sie fühlen sich klein, schwach, ungenügend, was sich wiederum auf Ihre Motivation auswirkt. Dabei vergisst man oft die Dinge, die man wirklich gut kann, auf die man stolz sein kann. Jeder Trainer hat solche Stärken. Das Schöne ist, dass es einen engen Zusammenhang gibt zwischen dem, was Sie gut können, und dem, was Sie gerne machen. Deshalb macht es meistens viel mehr Sinn, sich auf seine Stärken zu konzentrieren. Hier werden Sie viel leichter und viel eher Erfolge haben, gleichzeitig haben Sie mehr Spaß und Freude, und Sie engagieren sich mehr. Hier liegt auch eine wichtige Quelle für die eigene Motivation. Dazu müssen Sie natürlich erst einmal analysieren, wo Ihre Stärken liegen. Und dann bauen Sie Ihre Stärken aus. Vermeintliche Schwächen können Sie ignorieren oder kompensieren.

WIE SCHÄTZEN SIE DIE PERSON IHRES DOZENTEN, IHRER DOZENTIN EIN?

stimmt	völlig	weitgehend	teilweise	weder, noch	teilweise	weitgehend	völlig	
sicher	❏	❏	❏	❏	❏	❏	❏	unsicher
sympathisch	❏	❏	❏	❏	❏	❏	❏	unsympathisch
aufgeschlossen	❏	❏	❏	❏	❏	❏	❏	distanziert
kontaktstark	❏	❏	❏	❏	❏	❏	❏	kontaktschwach
freundlich	❏	❏	❏	❏	❏	❏	❏	unfreundlich
humorvoll	❏	❏	❏	❏	❏	❏	❏	humorlos
engagiert	❏	❏	❏	❏	❏	❏	❏	uninteressiert
kritisch	❏	❏	❏	❏	❏	❏	❏	selbstgefällig
empfindlich	❏	❏	❏	❏	❏	❏	❏	robust
hilfsbereit	❏	❏	❏	❏	❏	❏	❏	abweisend
emotional	❏	❏	❏	❏	❏	❏	❏	rational
anpassungsfähig	❏	❏	❏	❏	❏	❏	❏	starr
konsequent	❏	❏	❏	❏	❏	❏	❏	inkonsequent
gerecht	❏	❏	❏	❏	❏	❏	❏	ungerecht
dominant	❏	❏	❏	❏	❏	❏	❏	angepasst
beherrscht	❏	❏	❏	❏	❏	❏	❏	unbeherrscht

 Notieren Sie, was Ihnen im Seminar und in der Arbeit mit Ihren Seminarteilnehmern besonders gut gelingt.

IHRE MOTIVATION

Eine eigene gute Motivation ist eine wichtige Vorbedingung, wenn Sie Ihre Teilnehmer interessieren und überzeugen wollen. Leider gibt es keinen Trick, wie Sie sich mal eben selbst motivieren können. Und leider nehmen Teilnehmer Anzeichen mangelnder Motivation bei Trainern sehr schnell wahr. Denn je mehr Schwierigkeiten ein Trainer mit seiner Motivation hat, desto größer ist die Gefahr, dass er zum Miesepeter wird.

Selbstmotivation prüfen Wie motiviert sind Sie (noch) für das Seminargeschäft? Um diese Frage beantworten zu können, schlagen wir Ihnen als Erstes eine Mini-Analyse zu Ihrer Motivation vor (siehe nebenstehenden Kasten auf Seite 47):

Auswertung Hier gilt: Je häufiger Sie *stimmt nicht* angekreuzt haben, desto größer ist Ihre Unzufriedenheit. Die Kategorie *stimmt teilweise* kann Ihnen Hinweise geben, wo Ihr Interesse zukünftig nachlassen und zu sehr leiden könnte.

Damit Sie sich selbst (noch) besser motivieren, noch einige Fragen zum Thema: *Was* motiviert Sie bei Ihrer Tätigkeit als Trainer (siehe Kasten auf Seite 48)?

Bitte kreuzen Sie an:	stimmt	stimmt teilweise	stimmt nicht
1. Meine Arbeit als Trainer macht mir nach wie vor Spaß.	❏	❏	❏
2. Trotz der Routine erlebe ich diese Aufgabe als Herausforderung.	❏	❏	❏
3. Ich setze mich abends immer noch gerne zu meinen Teilnehmern.	❏	❏	❏
4. Falls jemand ein Problem hat, setze ich mich gerne abends noch einmal mit ihm zusammen.	❏	❏	❏
5. Ich tausche mich mit anderen Trainern aus, um Neues zu erfahren.	❏	❏	❏
6. Ich versuche, meinen Unterricht immer noch zu verbessern.	❏	❏	❏
7. Nach dem Urlaub freue ich mich auch wieder auf meinen Job.	❏	❏	❏
8. Ich sehe mir gerne den Unterricht von Kollegen an – man kann immer etwas dazulernen.	❏	❏	❏
9. Ich halte mich fachlich auf dem Laufenden.	❏	❏	❏
10. Ich biete den Teilnehmern gerne an, sich nach der Schulung bei Fragen an mich zu wenden.	❏	❏	❏

Bitte kreuzen Sie an:	stimmt	stimmt nicht	
Ich habe einige, wenige Lieblingsseminare.	☐	☐	F
Ich suche gerne neue Herausforderungen.	☐	☐	A
Mir ist die Zufriedenheit meiner Teilnehmer besonders wichtig.	☐	☐	S
Ich ärgere mich, wenn ich ein schlechtes Feedback von einzelnen Teilnehmern bekomme.	☐	☐	A
Ich zeige gerne, welche umfangreichen Erfahrungen ich zu einzelnen Themen habe.	☐	☐	A
Manchmal vergesse ich im Seminar die Zeit.	☐	☐	F
Besonders gern diskutiere ich mit den Teilnehmern.	☐	☐	S
Gemeinsam zum Erfolg ist eine gute Devise.	☐	☐	S
Wichtig ist mir, dass ich selbst Spaß beim Unterrichten habe.	☐	☐	F
Beim Unterrichten kann ich das ausleben, was mir Spaß macht.	☐	☐	F
Einige Teilnehmer in Seminaren sind zu guten Bekannten geworden.	☐	☐	S
Ich möchte ein besserer Trainer sein als der Durchschnitt.	☐	☐	A

Bitte zählen Sie zusammen, wie häufig Sie das Kreuz bei *stimmt* gemacht haben und bei welchem Buchstaben. Tragen Sie die Punktzahl pro Buchstabe in die folgende Tabelle ein.

Auswertung

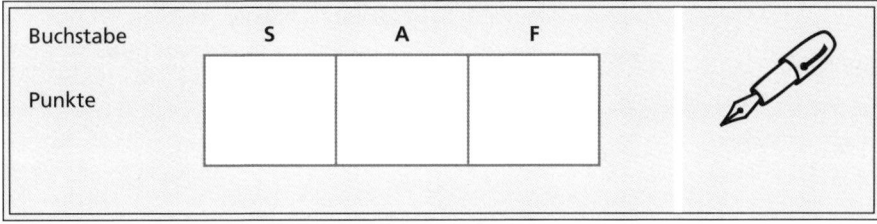

Buchstabe	S	A	F
Punkte			

Hinter den drei Buchstaben verstecken sich drei Grundmotive, die Trainer bei ihrer Arbeit suchen und finden:

- **S** steht für *Sozialkontakt*. Viele Trainer fühlen sich dann richtig wohl, wenn das Klima in der Seminargruppe stimmt. Die Teilnehmer verstehen sich gut, arbeiten gerne mit ihm zusammen, und es gibt auch mal was zu lachen.
- **A** steht für *Anerkennung*. Das Schöne am Trainerjob ist ja gerade, dass man so viel Feedback und hoffentlich dann auch Anerkennung und Lob erhält.
- **F** steht für *Flow*. Flow bedeutet, dass man Trainings um ihrer selbst willen macht, darin aufgeht und seine Erfüllung findet. Ein solches Gefühl kennen viele Menschen aus dem privaten Bereich – sie erleben es beim Sport oder bei der Beschäftigung mit ihren Hobbys.

Sozialkontakt, Anerkennung und Flow

Manchmal hat man einen schlechten Tag, manchmal ist man mit anderen Dingen beschäftigt. Auch Seminare können zur Routine werden. Es ist wichtig, dass Sie Techniken beherrschen, um sich positiv auf das nächste Seminar einzustimmen. Deshalb an dieser Stelle noch einige Hinweise, wie Sie sich selbst motivieren können:

Routine vermeiden

Methoden der Selbstmotivation

- *Beobachten Sie:* Irgendwann ist wahrscheinlich die Stoffvermittlung für Sie keine Herausforderung mehr. Denn das haben Sie schon oft gemacht und das können Sie. Aber eines ist in jedem Seminar wieder neu und interessant: die Besonderheiten der einzelnen Teilnehmer und die Art und Weise, wie sie zusammenkommen und ein Arbeitsteam werden. Beobachten Sie Ihre Teilnehmer und schauen Sie sich die unterschiedlichen Dynamiken an, die dabei entstehen.
- *Setzen Sie sich Ziele:* Nehmen Sie sich für jedes Seminar etwas vor: mehr an der Tafel zu zeichnen, mehr spielerische Elemente in Ihren Unterricht einzubauen, Ihre Arbeitsanweisungen noch verständlicher zu machen. Beobachten Sie den Erfolg und lernen Sie daraus.
- *Denken Sie an das Ende:* Die meisten Schulungen enden positiv. Auf diesen Erfolg können Sie sich während des Seminars schon mal freuen. Und natürlich auch auf das, was danach kommt: dass Sie zwei Tage frei haben, dass vor Ihnen ein Workshop mit einer Gruppe liegt, mit der Sie im Grundseminar eine gute Beziehung aufgebaut haben.
- *Freuen Sie sich auf Gespräche:* Jedes Seminar ist eine neue Chance Menschen kennenzulernen und sich mit ihnen auseinanderzusetzen – auch Menschen, mit denen man normalerweise selten in Kontakt kommen würde. Dies kann für einen selbst viele neue Impulse bieten.

Begeisterung und Innovationskraft

- *Experimentieren Sie:* Immer dasselbe zu tun, ist langweilig. Experimentieren Sie mit den Methoden, mit dem Medieneinsatz, mit dem Lernstoff. Der positive Nebeneffekt: Sie werden flexibler und haben sicherlich dabei die eine oder andere Idee, wie Sie Ihren Unterricht verbessern können.
- *Holen Sie sich Unterstützung:* Anregungen von anderen Trainern, möglichst auch einmal Teamteaching mit einem Kollegen, können Ihnen viele neue Ideen bescheren, die Sie anschließend ausprobieren können. Eine weitere gute Möglichkeit: Suchen Sie sich einen Kreis von Trainern, mit

denen Sie sich über Unterrichtsmethodik und den Umgang mit Teilnehmern austauschen können.

Spätestens wenn Sie nicht mehr wissen, ob Sie den Scherz in diesem Seminar oder doch in dem zwei Tage vorher erzählt haben, spätestens, wenn Sie auf Fragen von Teilnehmern unwirsch reagieren, Sie Interesse an den Ansichten und Problemen der Teilnehmer nur noch vorspielen, spätestens wenn Sie Ihre Souveränität verlieren, sollten Sie innehalten, Abwechslung in Ihr Trainerleben bringen, sich neuen Themen oder neuen Zielgruppen zuwenden oder sich vielleicht eine Auszeit gönnen.

Abnutzungserscheinungen vorbeugen

IHR VERHALTEN

Ihr Verhalten als Dozent hat wesentlichen Einfluss auf den Umgang der Teilnehmer miteinander und mit Ihnen. Es gibt drei Voraussetzungen für einen guten Dozenten. Zwei davon sind Ihnen vertraut: gute fachliche Kenntnisse und didaktisch-methodisches Können und Geschick. Die dritte Voraussetzung ist das richtige Verhalten, der *partnerschaftliche Umgang* mit den Teilnehmern.

Für viele Teilnehmer ist die soziale Komponente ein wichtiges, wenn nicht entscheidendes Motiv, an einem Seminar teilzunehmen. Der Trainer trägt auch für diese Seite des Unterrichts die Verantwortung. Ein positives Klima, ein bejahender Umgang miteinander und gegenseitiges Bemühen wirken sich auf die zwischenmenschlichen Beziehungen im Seminar aus. Dies wiederum beeinflusst den individuellen Lernerfolg der Teilnehmer und deren Zufriedenheit mit dem Seminar und dem Lernergebnis.

Partnerschaftlicher Umgang

VERANTWORTUNG FÜR DAS EIGENE VERHALTEN ÜBERNEHMEN

Sie wirken immer! Von der ersten Seminarminute an bis zur Verabschiedung der Teilnehmer am letzten Tag stehen Sie sozusagen auf einer Bühne. Die Teilnehmer können beobachten, was Sie tun und was Sie lassen. Sie kommunizieren immer: wenn Ihre Seminarteilnehmer in der Nähe sind, im Seminar und auch außerhalb des Seminars. Der Kommunikationsforscher Paul Watzlawick hat dafür die einfache Formel *Man kann nicht nicht kommunizieren* geprägt.

> **BEISPIEL**
>
> Sie gehen in der Mittagspause in die Kantine, setzen sich nicht zu den Seminarteilnehmern, sondern allein an einen Tisch, fangen vielleicht noch an, Zeitung zu lesen. Obwohl Sie mit keinem Menschen reden, wird Ihr Verhalten von den anwesenden Teilnehmern doch (wahrscheinlich) wahrgenommen und vielleicht auch interpretiert. Die Interpretation kann unterschiedlich sein, meist wird sie in die Richtung gehen: *Der will seine Ruhe haben.* Vielleicht aber auch: *Der ist sich wohl zu fein, sich mit uns an einen Tisch zu setzen.*

Ob Sie es wollen oder nicht: Vieles von dem, was Sie tun und was Sie lassen, wird wahrgenommen und so oder anders interpretiert. Und gerade ein Seminar bietet viele Möglichkeiten und zahlreiche Gelegenheiten für andere, Ihr Verhalten zu beobachten, einzuschätzen und daraus Schlüsse zu ziehen. Dabei können Sie leider nicht kontrollieren, welcher Art diese Schlüsse sind.

Teilnehmereindrücke steuern
Wenn Sie zum Beispiel den Seminarraum betreten, werden die Teilnehmer beobachten, wie Sie angezogen sind und wie sicher oder unsicher Sie wirken. Die Konsequenz darf jedoch nicht sein, dass Sie sich in jeder Sekunde überlegen, was Sie jetzt tun sollten, um ein gutes Bild abzugeben, oder sich gar unnatürlich verhalten. Das könnte das Gegenteil von dem bewirken, was Sie beabsichtigen. Aber Sie sollten überlegen, welchen Eindruck Sie ma-

chen wollen und wie Sie dies am besten erreichen können. Das heißt: Sie sollten *bewusst kommunizieren*.

Vermeiden sollten Sie vor allem Körpersignale, die einen negativen Eindruck machen könnten. Hängende Schultern, nach unten gezogene Mundwinkel, abschweifender Blick, fehlende Reaktion auf Äußerungen einzelner Teilnehmer werden in der Regel als Unlustsignale oder Zeichen mangelnden Interesses gewertet. Auch mit Ihrer Stimme können Sie entsprechende Signale senden.

Achten Sie auf Ihre Mimik, Ihre Gestik und den Klang Ihrer Stimme. Ihre Teilnehmer ziehen diese Ausdrucksmittel zur Bewertung Ihres Verhaltens mehr heran als das, was Sie sagen.

Je mehr Sie auf die Signale achten, desto besser lernen Sie sich selbst, die anderen und ihre Wahrnehmung kennen. Und desto besser können Sie den Eindruck, den Sie machen, steuern. Wenn Sie überprüfen wollen, wie Ihr Verhalten auf Ihre Teilnehmer wirkt, können Sie den auf Seite 54 stehenden Fragebogen nutzen, den Sie auch auf der Begleit-CD finden.

Auf Körpersignale achten

Als Trainer erhalten Sie bei jedem neuen Seminar sozusagen einen Bonus von den Teilnehmern, etwa: *Wenn der vorne steht, muss er ja ein versierter Trainer sein.* Dieser Bonus geht erst verloren, wenn Sie den Teilnehmern vor Augen führen, dass ihre Annahmen (diesmal) nicht zutreffen. Auf der anderen Seite können Sie Teilnehmer auch positiv überraschen, die bisher eher negative Erfahrungen mit Schulungen gemacht haben. Diesen Bonus setzen Sie leichtfertig aufs Spiel, wenn Sie:

»Bonus« nutzen

- der Gruppe Ihre Unfähigkeit demonstrieren und etwa mit den Medien nicht zurechtkommen.

WIE SCHÄTZEN SIE DAS VERHALTEN IHRES DOZENTEN, IHRER DOZENTIN EIN?

Diese Aussage trifft zu:

	nicht erkennbar	vollständig	weitgehend	weder, noch	kaum	gar nicht
Hört gut zu	❑	❑	❑	❑	❑	❑
Geht auf Fragen ein	❑	❑	❑	❑	❑	❑
Spricht deutlich und akzentuiert	❑	❑	❑	❑	❑	❑
Setzt Körpersprache gezielt ein	❑	❑	❑	❑	❑	❑
Geht auf einzelne Teilnehmer ein	❑	❑	❑	❑	❑	❑
Geht auf Einwände ein	❑	❑	❑	❑	❑	❑
Geht gut mit Kritik um	❑	❑	❑	❑	❑	❑
Geht gut mit Konflikten um	❑	❑	❑	❑	❑	❑
Sorgt für ein gutes Arbeitsklima	❑	❑	❑	❑	❑	❑

- Ihre Unkenntnis und fehlende Erfahrung allen deutlich machen und etwa wiederholt Fragen nicht beantworten können.
- die Teilnehmer mit theoretischem Wissen überhäufen, ohne auf den Praxisbezug zu achten.
- Die Begriffe *Zuhörer* und *Teilnehmer* verwechseln und die Seminargruppe mit langweiligen und langwierigen Vorträgen und einer PowerPoint-Orgie frustrieren.

Als Trainer sind Sie immer *Vorbild*. Sie sollten das Verhalten, das Sie sich von den Teilnehmern wünschen, auch selbst an den Tag legen. Kommen Sie deshalb nicht zu spät, überziehen Sie nicht die Pausen, halten Sie sich an Absprachen. Besonders kritisch ist es, wenn Sie erst Regeln aufstellen und dann selbst gegen eine solche Regel verstoßen – und Ihr Handy anlassen.

Vorbildfunktion des Trainers

Achten Sie auf Ihre Sprache und bemühen Sie sich um eine positive Ausdrucksweise. Man kann oft den gleichen Sachverhalt positiv, aber auch negativ darstellen.

Auf Sprache achten

> Ein Trainer eröffnet sein Seminar mit den Worten: *Ich darf Sie herzlich begrüßen. Ich bedauere nur, dass wir wieder einmal den kleinsten Raum bekommen haben. Außerdem sind die Seminarmaterialien mal wieder nicht rechtzeitig fertig geworden.*

Abgesehen davon, ob man die Umstände überhaupt erwähnen muss und dies der richtige Moment ist: Man kann aus einem kleinen Raum auch einen gemütlichen machen und ankündigen, dass die Teilnehmer die Unterlagen am Ende des Tages bekommen.

SIEBEN PUNKTE, WIE SIE SICH BEI DEN TEILNEHMERN UNBELIEBT MACHEN

1. Sie machen Versprechungen, die Sie dann nicht halten.
2. Sie spielen sich auf.
3. Sie unterbrechen Teilnehmer wiederholt.
4. Sie ignorieren die wünsche von teilnehmern.
5. Sie überziehen Pausen.
6. Sie halten sich selbst nicht an Regeln, die Sie aufgestellt haben.
7. Sie machen sich auf Kosten einzelner Teilnehmer lustig.

Trainer als Lernpartner Auf keinen Fall sollte Ihr Auftreten an einen Lehrer aus früheren Zeiten erinnern. Der Begriff Lern*partner* für die Teilnehmer weist auf ein verändertes Rollenverständnis hin. Außerdem sollte man immer daran denken, dass die Mehrheit aller Erwachsenen negative Erinnerungen an die Schule haben. Vermeiden Sie also alles, was an Schule erinnert.

NEUN UNARTEN VON TRAINERN

beschallen	Sie verwechseln Unterricht mit einem langwierigen Vortrag.
schwafeln.	Sie erzählen und erzählen, kommen vom Hölzchen zum Stöckchen.
dozieren	Sie breiten ihr ganzes Fachwissen aus und bedienen sich dabei einer möglichst wissenschaftlichen Ausdrucksweise.
drannehmen	Sie fordern Teilnehmer zur Antwort auf, die sich gar nicht gemeldet haben.
aufspießen	Sie zeigen mit dem Finger auf Teilnehmer.
abwerten	Sie äußern sich negativ zu der Meinung eines Teilnehmers.
rumlaufen	Sie verwechseln den Seminarraum mit einer Wanderstrecke.
abwenden	Sie halten Blickkontakt, allerdings mit der Wand, mit der Decke oder mit dem Fußboden.
beschäftigen	Sie machen mit Vorliebe lange Gruppenarbeiten, deren Sinn sich den Teilnehmern nicht erschließt.

Das alles muss nicht sein. Ein professioneller Trainer verhält sich anders:

Kooperation mit Teilnehmern

- Er interessiert sich für die Wünsche, Erfahrungen und Anliegen der Teilnehmer.
- Er ist aufmerksam und hilfsbereit.
- Er ist freundlich und zeigt Humor.
- Er zeigt offen seine eigenen Wünsche und Interessen.
- Er mischt sich unter die Lerngruppe.
- Er lobt.
- Er behandelt alle Teilnehmer gleich.
- Er bemüht sich um eine verständliche und anschauliche Sprache.
- Er räumt sich selbst und den Teilnehmern das Recht auf Fehler ein.
- Er kann sich selbst und seinen Unterricht infrage stellen (lassen).
- Er fällt keine einsamen Entscheidungen, sondern spricht Wichtiges mit den Teilnehmern ab.

AUF INTERAKTIONEN ACHTEN

Die Beziehung zum Teilnehmer

Menschen reagieren aufeinander. Deshalb kann es sein, dass Sie zu den Problemen beitragen, die die Lerngruppe mit Ihnen hat. Dies ist vielleicht für Sie ein eher befremdlicher Gedanke, aber wenn Sie an die Ursachen der Probleme wollen, sollten Sie sich auch dieser Frage stellen. Vielleicht provozieren Sie durch Ihr Verhalten bestimmte Reaktionen.

> **BEISPIEL**
>
> In Ihrem Seminar sitzt eine Teilnehmerin, die sehr distanziert wirkt und sich nur selten beteiligt. Sie sprechen Sie in der Pause an. Es stellt sich heraus, dass sie nicht damit einverstanden war, dass Sie den Teilnehmern gleich zu Beginn der Schulung das Du angeboten haben. Sie hat sich aber nicht getraut, etwas zu sagen, und sich über Sie und auch über ihre eigene Schwäche, nichts dazu gesagt zu haben, geärgert.

Kann es sein, dass Ihr Verhalten negative Reaktionen bei den Teilnehmern hervorruft? Um die Frage beantworten zu können, sollten Sie sich drei, vier Situationen vor Augen führen, bei denen Sie das Verhalten Ihrer Teilnehmer nicht verstanden und sich gefragt haben, wieso sie denn jetzt so eigentümlich reagieren. Und: Kann es sein, dass Sie Verhalten, mit dem Sie bei früheren Seminargruppen gute Erfahrungen gemacht haben, unzulässigerweise verallgemeinert haben? Um diese Frage zu beantworten, sollten Sie überlegen, ob bestimmte Schwierigkeiten bei bestimmten Gruppen auftauchen, bei anderen wiederum nicht.

Sie wissen, dass man darüber streiten kann, ob die Henne oder das Ei zuerst da waren. Genau so ist es bei Schwierigkeiten zwischen Menschen. Irgendwo muss man ein Verhalten als Anfang festlegen – und das ist in der Sicht der Beteiligten oft nicht derselbe. Psychologen haben dafür ein schönes Wort gefunden, die *Interpunktion von Ereignisfolgen*: Ein Teilnehmer ist »schlecht drauf« und meckert rum. Vielleicht hat er sich schon vorher über Ihre Reaktion auf einen seiner Beiträge, über Ihren leicht autoritären Stil oder über Ihren etwas seltsamen Humor geärgert: Vielleicht haben Sie etwas Abfälliges gesagt, ohne dass Ihnen dies bewusst geworden ist. Und vielleicht ist dies nicht das erste Mal im Seminar, dass den Teilnehmer etwas stört – und nun will er es endlich loswerden. Darum: Bleiben Sie in Kontakt mit Ihren Teilnehmern, fragen Sie nach, wenn Sie Irritationen vermuten. Nur eine gute Kommunikation hilft, Kommunikationsproblemen vorzubeugen.

<small>Die »Interpunktion« von Ereignisfolgen</small>

BEZIEHUNGEN GESTALTEN

Eine wichtige Voraussetzung für eine gute Lernatmosphäre ist eine gute Beziehung zwischen den Teilnehmern und Ihnen. Beziehungen kann man systematisch verändern, auch und gerade im Seminar. Die Kraft, durch die Beziehungen verändert werden

<small>Beziehungsaufbau durch Kommunikation</small>

können, besteht in der Art der Kommunikation. Immer, wenn Sie etwas zu jemand anderem sagen, wird dadurch potenziell auch eine Beziehungsdefinition mitgeliefert. Sie sagen damit gleichzeitig: *So will ich mit dir reden und so möchte ich, dass du dich auch mir gegenüber verhältst.* Zur Erläuterung ein Beispiel.

> **BEISPIEL**
>
> Ein Teilnehmer spricht Sie zu Beginn der Mittagspause auf ein Problem an, das er hat. Sie sagen: *Dazu habe ich im Moment wirklich keine Zeit. Aber wenn Sie wollen, können wir Ihr Problem auf dem Weg in die Kantine lösen.*

Im Beispiel kommt ziemlich deutlich die Beziehung der beiden Gesprächspartner zum Ausdruck, zumindest, wie sie von der Trainerseite her definiert wird. Mit dieser Äußerung sagt er gleichzeitig über die Beziehung in etwa Folgendes:

- Ich bestimme, wann wir das besprechen.
- Ich bestimme, wie viel Zeit ich für dich erübrigen will.
- Ich bestimme, wann und wo ich das Problem löse.
- Ich gehe davon aus, dass ich dein Problem schnell lösen kann.

Beziehungsdefinitionen

Solche dominanten Äußerungen und Beziehungsdefinitionen führen im Seminar oft zu Demotivation, Unmut und Ablehnung. Deshalb sollten Sie darauf achten, welche Beziehungsdefinitionen Sie über Ihre Äußerungen transportieren.

Beziehung bewusst gestalten

Wenn die Kommunikation auf die Beziehung Einfluss nimmt und über das Verhalten allgemein und über Äußerungen im Besonderen Beziehungen definiert werden, bedeutet das, dass Sie als Trainer die Beziehung zu Ihren Teilnehmern bewusst gestalten können. Gerade zu Beginn eines Seminars sind die Gestaltungsspielräume besonders groß. Ihre Teilnehmer kennen Sie noch nicht oder zumindest nicht gut. Sie haben noch keine festen Vor-Urteile gebildet. In den ersten Minuten wird ausgelotet, wie die Beziehung geprägt sein könnte.

Später folgt noch die Feinabstimmung. Und dabei kommen wiederum die Wahrnehmung und die Perspektiven ins Spiel. Wenn Ihre Teilnehmer einmal einen guten Eindruck von Ihnen haben, wird sie auch nicht irritieren, wenn Sie mal einen Fauxpas begehen. Festgelegte Beziehungen zu verändern ist hingegen schwierig. Selbst wenn Sie anfangen, sich bewusst anders zu verhalten, werden Ihre Teilnehmer die Verhalten auf der Grundlage bisheriger Erfahrungen mit Ihnen interpretieren und sich meist fragen, woran es liegt, dass Sie sich plötzlich so anders verhalten. Und das gibt wahrscheinlich wieder Anlass zu Irritationen. Wie aber vollzieht sich eine Beziehungsdefinition? Sie erfolgt einfach dadurch, wie Sie mit den Teilnehmern umgehen.

Einmal Misstrauen – immer Misstrauen

Wenn Sie Lust haben, würde ich Sie gerne heute Abend zu einem Spaziergang einladen. Nach dem vielen Sitzen tun uns das sicherlich gut.

Sie erfolgt aber auch dadurch, wie Sie auf Äußerungen der Teilnehmer reagieren. Bei der Reaktion auf Äußerungen stehen Ihnen erst einmal zwei grundsätzliche Möglichkeiten zur Verfügung: Sie können die Beziehungsdefinition annehmen oder ablehnen.

> **BEISPIEL**
>
> Ein Teilnehmer spricht Sie an: *Könnten Sie uns am Freitag nicht schon zwei Stunden früher gehen lassen? – Ja, das lässt sich einrichten.*

Wie Beziehungs-definitionen ablaufen

Jedes Mal, wenn Sie über die Reaktion auf eine Äußerung eine Beziehungsdefinition annehmen, lernt der Seminarteilnehmer daraus, dass er sich mit solchen Äußerungen und besonders mit Aufforderungen und Bitten auch in Zukunft an Sie wenden kann (und Sie der Bitte wahrscheinlich wieder entsprechen). In vielen Fällen gibt es zudem eine dritte Möglichkeit. Sie ignorieren die Äußerung und gehen gar nicht darauf ein. Das dürfte für Sie aber keine erfolgversprechende Strategie sein.

Spätestens wenn Sie eine bestimmte Beziehungsdefinition wiederholt oder nachdrücklich abgelehnt haben, werden sich Ihre Seminarteilnehmer mit vergleichbaren Anliegen nicht mehr an Sie wenden, etwa dann, wenn Sie es zu Beginn eines Seminars abgelehnt haben, über eine Verlängerung der Mittagspause zu diskutieren. Achten Sie daher auf Beziehungsdefinitionen und überlegen Sie, wie Sie darauf reagieren wollen. Dies gilt besonders zu Beginn Ihrer »neuen Beziehung«.

VERANTWORTUNG FÜR DAS LERNKLIMA ÜBERNEHMEN

Lernklima verbessern

Sie leiten die Schulung, und damit sind Sie nicht nur verantwortlich für den Lernerfolg, sondern auch für die Lerngruppe und für das Lernklima. Eine der drei grundsätzlichen Möglichkeiten, das Klima im Seminar zu verbessern, kennen Sie bereits: ein vorbildliches Dozentenverhalten. Die zweite und dritte Möglichkeit liegt in einer Unterrichtsgestaltung, bei der die Teilnehmer möglichst viel Kontakt miteinander haben, gemeinsam arbeiten, sich besprechen, sich auseinandersetzen und miteinander diskutieren sowie in der Förderung des gegenseitigen Kennenlernens im und außerhalb des Seminars. Denn auch das gemeinsame Essen oder gemeinsame Aktivitäten in der Freizeit tragen zu einer Verbesserung des Klimas im Seminar bei.

Ein gemeinsamer Ausflug, eine Besichtigung, ein Kegelabend oder andere Aktivitäten fördern das Zusammengehörigkeitsgefühl. Selbst wenn Sie für solch eine Aktivität eine paar Stunden der Seminarzeit während des Tages opfern müssen: Die Teilnehmer sind sicher bereit, dafür abends eine Unterrichtseinheit nachzuholen.

Gemeinsame Aktivitäten

Solche Zusammenkünfte bieten für Sie als Trainer eine gute Gelegenheit, sich als Privatmensch zu zeigen und die Teilnehmer ebenfalls als solche zu erleben. Möglicherweise stellen Sie Gemeinsamkeiten fest: Sie haben dasselbe Hobby oder bevorzugen denselben Urlaubsort. Sie können etwas aus der Rolle des Trainers herausschlüpfen, was Ihnen vielleicht neue Sympathien bei den Teilnehmern einbringt.

Der Trainer als Privatmensch

Machen Sie es sich zur Gewohnheit, regelmäßig im Gespräch mit den Teilnehmern abzugleichen, wie zufrieden sie mit dem Verlauf und den bisherigen Ergebnissen des Seminars sind. Es nützt Ihnen nichts, wenn Sie zum Ende des Seminars erfahren, dass vorab etwas schiefgelaufen ist. Am besten reservieren Sie für ein Feedback die letzte Viertelstunde am Ende des Seminartages oder die erste Viertelstunde am nächsten Morgen. Als bewährte Methode bietet sich ein *Blitzlicht* an. Jeder Teilnehmer nimmt reihum kurz Stellung zu der Frage: *Wie fühle ich mich im Moment?*

Teilnehmerzufriedenheit im »Blitzlicht« abgleichen

Solch ein Blitzlicht dauert nur wenige Minuten. In dieser kurzen Zeit erfahren Sie von *jedem* Seminarteilnehmer, wie er sich gerade fühlt und was er über das Seminar denkt. Ein Blitzlicht dient nur der Bestandsaufnahme. Der Dozent kommentiert die Äußerungen nicht. Wer nicht mitmachen will, braucht nichts zu sagen. Es darf erst diskutiert werden, wenn die Runde abgeschlossen ist. Kritik an den Äußerungen von Teilnehmern und Rechtfertigungen sind unangebracht.

Stimmungsbarometer Alternativ können Sie aus das *Stimmungsbarometer* nutzen. Sie malen ein Barometer auf ein Flipchartblatt, verteilen Klebepunkte und bitten die Teilnehmer, ihre Einschätzung vorzunehmen. Die Abfrage ist anonym. Sie sollten bei der Besprechung auf keinen Fall nach Teilnehmern fahnden, die ein negatives Votum abgegeben haben.

Meckerecke Eine dauerhafte Evaluation ist durch die *Meckerecke* möglich. Sie schreiben Satzanfänge wie etwa *Das finde ich gut* und *Das würde ich gerne ändern ...* auf ein Flipchartblatt und hängen es im Seminarraum auf. Jeder Teilnehmer kann darauf seine Kommentare schreiben. Zum Abschluss oder zu Beginn des Seminartags können Sie die Kommentare gemeinsam mit den Teilnehmern durchgehen. Vorteil: Sie erfahren sehr schnell, wenn Teilnehmer unzufrieden sind. Nachteil: Sie können natürlich nicht sicher sein, dass sich alle Teilnehmer auf diese Art äußern.

PROBLEME ALS NORMAL ANSEHEN

Eine Schulung ist eigentlich eine sehr ungewöhnliche und letztlich unnatürliche Situation. Wir holen Menschen aus ihren normalen Lebensbezügen mit ihren liebgewonnenen Ritualen und Abläufen heraus und bringen sie dazu, stundenlang in einem Raum zu sitzen und jemandem zuzuhören, sich seinem Rhythmus anzupassen und sich lange zu konzentrieren. Eine Folge: Fast die Hälfte aller Teilnehmer klagt über Lern- und Konzentrationsprobleme. Deshalb wäre es unnormal, wenn dies alles problemlos vonstatten gehen würde.

Seien Sie auch hier Vorbild. Ein Trainer sollte eine Offenheit für vermeintlich schwierige Seminarsituationen besitzen, Probleme unmittelbar ansprechen und Konflikte partnerschaftlich regeln. Wobei Konflikte wiederum meist nichts anderes sind als das Aufeinandertreffen unterschiedlicher Wünsche und Bedürfnisse. Auch wenn sich ein bestimmter Teilnehmer als schwierig für Sie erweist, ist dies normal. Akzeptieren Sie es.

Probleme lösen

ALS TRAINER VERANTWORTUNG ÜBERNEHMEN

✓

1.	Konzentrieren Sie sich auf Ihre Stärken.	☐
2.	Nutzen Sie die verschiedenen Möglichkeiten der Selbstmotivation.	☐
3.	Übernehmen Sie die Verantwortung für Ihr Auftreten und Ihr Verhalten.	☐
4.	Achten Sie darauf, dass Sie sich nicht unbeabsichtigt in ein schlechtes Licht setzen.	☐
5.	Überprüfen Sie bei Irritationen, Missverständnissen und Problemen die Vorgeschichte und besonders Ihren Anteil daran.	☐
6.	Sorgen Sie für ein gutes Lernklima und ein partnerschaftliches Miteinander.	☐
7.	Setzen Sie regelmäßig Feedback ein, um die Stimmung im Seminar zu analysieren.	☐
8.	Sehen Sie Probleme als natürliche Begleiterscheinung der »künstlichen« Seminarsituation.	☐

6. AKTIVPOSTEN: IHR UNTERRICHT

> **BEISPIEL**
>
> Sie haben ein neues Thema, über das Sie viel zu berichten haben. Sie sind gut vorbereitet und haben sich viel Zeit für die Vorbereitung genommen.
> Sie beginnen Ihr Seminar mit einem breit gefächerten Überblick über die theoretischen Grundlagen. Doch nach einiger Zeit merken Sie, dass die Gruppe unruhig wird. Einige beginnen zu tuscheln, einige schauen zum Fenster hinaus, wiederholt verlassen Teilnehmer für kurze Zeit den Raum.

Guter Unterricht Viele der Probleme wie etwa unzufriedene Teilnehmer, Störungen und Angriffe können Sie vermeiden, wenn Sie einfach einen guten Unterricht machen!

GRUNDPRINZIPIEN EINES GELUNGENEN UNTERRICHTS

Leichter gesagt als getan, werden Sie vielleicht denken. Womit Sie recht haben, gleichzeitig aber auch nicht. Denn um guten Unterricht zu »machen«, brauchen Sie erst einmal viel Übung und die Fähigkeit, aus Lob und Kritik Ihrer Teilnehmer zu lernen. Auf der anderen Seite gibt es nur eine wenige Prinzipien, auf die Sie achten müssen, um einen ebenso lernwirksamen wie abwechslungsreichen Unterricht zu gestalten.

MOTIVIERUNG

Ihre Teilnehmer wollen wissen, warum sie das lernen sollen, was Sie ihnen vermitteln. Die Frage *Warum?* entsteht fast automatisch in den Köpfen Ihrer Teilnehmer, wenn Sie ein neues Thema ansprechen.

Das wichtigste Prinzip

- Warum ist dieses Thema für mich wichtig?
- Was habe ich davon, wenn ich mich hier und jetzt damit beschäftige?

Diese Fragen müssen Sie Ihren Teilnehmern beantworten. Dabei reicht es nicht, dass Sie ein neues Thema mit den Worten einführen: *Meine Damen und Herren, das nächste Thema ist für Sie sehr interessant.* Sagen, besser zeigen Sie ihnen, warum das Thema tatsächlich für sie so interessant ist. Und verdeutlichen Sie es nicht nur einmal zu Beginn, sondern kommen Sie immer wieder auf diesen Punkt zurück. Im Idealfall sind die Teilnehmer dann so gut bei der Sache, dass sie die Zeit vergessen. *Was, für heute ist schon Schluss, ich habe gar nicht gemerkt, wie schnell die Zeit vergangen ist.* Dies ist eines der größten Komplimente, die ein Trainer bekommen kann.

Motivation erzeugt Interesse, Interesse ist die Grundlage für Aufmerksamkeit, Aufmerksamkeit führt zu der bewussten Auseinandersetzung mit dem Thema, und dies wiederum begünstigt den Lernerfolg. Deshalb gilt für den Unterricht die einfache Gleichung »*Motivation = Lerninteresse + Lernerfolg*«.

Interesse wecken

Für diese Gleichung gibt es Belege aus wissenschaftlichen Studien. Eine gute Motivation schafft einen 30 bis 40 Prozent höheren Lernerfolg und eine noch höhere Zufriedenheit mit dem Ergebnis der Schulung. Dabei ist es fast unmöglich, zu viel zu motivieren. Zu wenig Motivation ist hingegen das Kennzeichen vieler langatmiger und langweiliger Unterrichtsstunden.

Höherer Lernerfolg bei motivierten Teilnehmern

Bedingungen Aber wie gelangen Sie zu einer solch hohen Motivation? Es gibt viele Wege, und für jedes Thema, für jede Zielgruppe müssen Sie wieder aufs Neue überlegen. Allerdings muss jede Motivation drei Bedingungen erfüllen. Sie muss

- einen hohen Motivationsgrad haben – ein Strohfeuer reicht nicht aus, die Motivation sollte nachhallen.
- zu den Teilnehmern und zum Thema passen – Motivation »von der Stange« kann es nicht geben.
- möglichst die Teilnehmer einbeziehen und aktivieren.

Zur Veranschaulichung ein Beispiel: Sie wollen mit Ihren Teilnehmern die einschlägigen Gesetze zur Erbfolge aus dem BGB behandeln. Jetzt können Sie Paragraph für Paragraph mit Ihren Teilnehmern durchgehen. Langweile ist hier fast schon programmiert. Sie können aber auch ein Fallbeispiel an den Anfang Ihres Unterrichts stellen – ein Fallbeispiel aus dem »Leben«, wie es so ähnlich auch auf die Teilnehmer zutreffen könnte:

BEISPIEL

Oma ist gestorben. Beim Sortierten der persönlichen Angelegenheiten findet Ihre Familie einen Zettel mit folgendem Inhalt: *Mein Kampfhund Devil soll alles erben. Meine Familie ist zwar nett, aber für meinen geliebten Hund soll gesorgt sein.*

Mit interessanten Beispielen arbeiten Jetzt lässt sich trefflich mit den Teilnehmern diskutieren, ob das Erbe tatsächlich dem Hund zufallen kann. Anschließend kann man das Beispiel ausspinnen und nach und nach die Erbfolge erarbeiten. Damit sind wir bereits beim nächsten, ebenso unbekannten wie mächtigen Unterrichtsprinzip.

EMOTIONALISIERUNG

Die Teilnehmer haben mehr Freude am Unterricht und in ihrem Gedächtnis bleibt auch mehr haften, wenn Sie Gefühle ansprechen. Im Beispiel oben ist nicht von einem Hund die Rede, sondern von einem Kampfhund, der dann auch noch so einen schönen Namen hat. Dass ein Hund erben soll, spricht gegen den berühmten gesunden Menschenverstand – und so macht das Beispiel die Teilnehmer neugierig.

Gefühle sind Tatsachen

> Erinnern Sie sich bitte an ein Seminar, an dem Sie vor drei, vier Jahren teilgenommen haben. Was ist Ihnen aus diesem Seminar noch im Gedächtnis?

Sehr viel von dem, was Sie den Teilnehmern vermitteln, geht im Laufe der Wochen und Monate nach der Schulung verloren. Übrig bleiben oft die Inhalte, die Gefühle geweckt haben – eine nette Anekdote, unfreiwillige Komik, ein witziger Begriff, eine unerwartete Begebenheit. Der Grund ist einfach: Es gibt Gehirnregionen, die sich auf die Speicherung emotionaler Inhalte »spezialisiert« haben.

Diesen zusätzlichen Lerneffekt können Sie nutzen: Schöpfen Sie alle Möglichkeiten aus, um bei den Teilnehmern auch Emotionen anzusprechen, soweit dies die Lernsituation zulässt. Schaffen Sie witzige Assoziationen, arbeiten Sie mit leicht skurrilen Bezügen, veranschaulichen Sie Inhalte mit ungewöhnlichen Beispielen, bringen Sie Humor in Ihren Unterricht – all dies dient der Emotionalisierung. Emotionalisierung schafft nicht nur Lernerfolge, Emotionalisierung trägt auch zu einem guten Lernklima bei. Die Mittel sind zahlreich und oft situationsabhängig. So können Sie beispielsweise:

Lerneffekte durch Emotionen

Möglichkeiten der Emotionalisierung
- eine provokante These in den Raum stellen.
- die Teilnehmer dazu bringen, Dinge aus einem ungewöhnlichen Blickwinkel heraus zu betrachten.
- mit Sprachbildern arbeiten wie beim Begriff *Suppenkoma* für die Zeit nach dem Mittagessen.
- ungewöhnliche, lustige Begebenheiten anführen.
- eine spannende, lustige, vielleicht etwas skurrile Übung oder Kontrolle durchführen.
- Rätsel, Wettbewerbe, Streitgespräche, Spiele einbauen.
- mit Übertreibungen arbeiten.
- einen Gedanken mit den Teilnehmern bis ins Groteske hinein weiterspinnen.

TIPP Eine sehr gute Quelle für neue Anregungen sind die Teilnehmer selbst. Auf brauchbare Scherze, Bemerkungen, Beispiele sollten Sie besonders achten – und sie sich gleich für Ihren nächsten Unterricht notieren

STRUKTURIERUNG

Roten Faden legen In vielen Untersuchungen hat sich gezeigt, wie wichtig eine klare Struktur für einen lernwirksamen Unterricht ist. Die Bedeutung einer guten Strukturierung ist dabei ebenso hoch wie die einer guten Motivation. Der rote Faden sollte in Ihrem Unterricht immer erhalten bleiben, die Teilnehmer immer wissen, wo sie gerade stehen und in welchem Zusammenhang das Thema mit dem Ziel der Schulung steht. Sie haben verschiedene Möglichkeiten, dies sicherzustellen:

Möglichkeiten der Strukturierung
- *Vorschau:* Sie geben einen Überblick über das folgende Thema. Sie erläutern die Ziele, die Inhalte und die Vorgehensweise. Dies tun Sie zu Beginn der Schulung, zu Beginn jeden Tages und am Anfang einer neuen Unterrichtseinheit.

- *Zusammenhang:* Sie erläutern, in welchem Zusammenhang die einzelnen Themen und Inhalte stehen. Sie schaffen darüber hinaus Bezüge zu den Alltagserfahrungen der Teilnehmer und verknüpfen neues Wissen mit vorhandenen Erfahrungen und Vorkenntnissen.
- *Rückblick:* Am Ende eines Lernabschnitts, nach längeren Vorträgen, nach Gesprächen und am Ende einer Übung geben Sie eine kurze Zusammenfassung, wiederholen die wichtigsten Punkte. Sie beziehen die Teilnehmer dabei mit ein. Wiederholungen sehen Sie auch am Ende eines Tages und am Ende der Schulung vor.

VERANSCHAULICHUNG

Die Veranschaulichung steht mit der Strukturierung in einem engen Zusammenhang. Bei abstrakten Inhalten muss der Lerner versuchen, sich die Inhalte durch Beispiele und Vergleiche, durch Bilder, Grafiken oder Übersichten zu veranschaulichen. Ein Trainer sollte dies so weit wie möglich unterstützen. Ein Modell, das von Hand zu Hand geht, ist in diesem Zusammenhang wertvoller als eine Grafik, eine Demonstration ist wirksamer als ein reiner Vortrag. Der Veranschaulichung dienen alle Möglichkeiten der Visualisierung. Dies ist eine unabdingbare Notwendigkeit bei allen dozentenorientierten Lehrformen, vor allem beim Vortragen.

Visualisierungen nutzen

Das Gegenteil von Anschaulichkeit bewirkt man, wenn man unerfahrene Lerner mit einer Fülle abstrakter Fachbegriffe überfordert. Man vergisst als Fachmann leicht, dass ein einem selbst geläufiger Ausdruck für Anfänger unverständlich sein kann. Es gibt wichtige und unwichtige Fachbegriffe; es gibt Begriffe, die man vermeiden kann, weil es brauchbare deutsche Entsprechungen gibt; und es gibt Begriffe, deren Kenntnis den Lernprozess eher behindern als fördern.

AKTIVIERUNG

Teilnehmer handeln lassen

Je aktiver die Teilnehmer sich am Unterricht beteiligen, desto besser. Die selbstständige Bearbeitung von Problemen, die Übertragung von Aufgaben, der Einsatz von teilnehmerorientierten Methoden wie Gruppenarbeit, Partnerarbeit und Einzelarbeit, die Möglichkeit zu diskutieren sind Mittel, Teilnehmer aktiv am Unterrichtsprozess zu beteiligen. Lernen heißt: Auf verschiedene Weise aktiv und tätig zu werden. Dazu gehört auch, dass nicht nur das Denken gefordert wird. Kopf, Herz und Hand, Denken, Fühlen und Handeln sollen möglichst oft beteiligt sein. Je selbstständiger sich ein Lerner den Lernstoff erarbeitet und eine Lösung findet, desto besser wird der Stoff in seinem Gedächtnis haften bleiben. Und Sie können dazu beitragen, dass dies möglich ist.

ÜBEN UND WIEDERHOLEN

Wiederholung macht den Meister

Es ist eine Illusion zu glauben, dass man Lernstoff durch einmaliges Hören nachhaltig im Gedächtnis verankern kann. Lernen braucht vielfach verschiedene Anläufe, ohne Üben und Wiederholen geht es meistens nicht. Dies wissen zwar viele Trainer, und trotzdem vernachlässigen sie es in ihrem Unterricht. Übrig bleibt dann häufig ein Unsicherheitsgefühl auf Seiten der Teilnehmer, weil sie nicht einschätzen können, ob und was sie gelernt haben. Hinzu gesellt sich dann noch der Frust, wenn sie nach dem Seminar erleben, dass sie das Gelernte nicht umsetzen können, weil sie es bereits wieder vergessen haben.

Das Üben und Wiederholen hat übrigens noch einen wichtigen Nebeneffekt: Die Teilnehmer können selbst überprüfen, was sie verstanden haben und was nicht. Dies bildet die Grundlage für zusätzliche, gezielte Wiederholungen.

PRAXIS- UND TRANSFERORIENTIERUNG

Aus der Praxis, für die Praxis. Dieses Motto gilt für viele Schulungen. Die Teilnehmer möchten meist Praxislösungen. Um den Teilnehmern dies bieten zu können, müssen Sie die Arbeitsplätze, die Arbeitsbedingungen und die Probleme der Teilnehmer kennen. Und Sie müssen bereit sein, diese Probleme in den Mittelpunkt Ihres Seminars zu stellen. Auch hier sollten Sie sich auf das Wissen und die Erfahrungen Ihrer Teilnehmer stützen. Vielfach finden sie die besten Lösungen, spätestens wenn Sie einen Impuls geben, was sie bedenken sollen. Der Vorteil einer solchen Lösung liegt auch darin, dass sich die Teilnehmer damit identifizieren und eher bereit sind, sie auch tatsächlich umzusetzen.

Die Umsetzung

Auch durch die beste Schulung kann es nicht gelingen, dass der Lerner alles Gelernte sofort anwenden kann. Die Möglichkeiten eines Trainers, über die Schulung hinaus zu helfen, Transferprobleme auszuräumen und in einem ständigen Dialog mit den Teilnehmern zu bleiben, sind gering. Ausnahmen bilden die hausinternen Schulungen. Gerade deshalb sollten alle Möglichkeiten genutzt werden: zum Beispiel Nachfolgeseminare, ein Erfahrungsaustausch einige Wochen oder Monate nach dem Seminar oder die Initiierung des Kontakts zwischen Teilnehmern über das Seminar hinaus. Und vielleicht können Sie den einen oder anderen Teilnehmer im Nachhinein einmal an seinem Arbeitsplatz aufsuchen. Nicht nur der ehemalige Teilnehmer kann davon profitieren, auch Sie erhalten Anregungen für seine Seminarbeit.

Transfer durch Follow-up-Arbeit

Diese Prinzipien tragen viel zu einem lernwirksamen Unterricht bei. Was genauso wichtig ist: Die Teilnehmer erfahren selbst, dass sie etwas lernen und werden damit zufriedener sein. Also: Wie wird die didaktisch-methodische Qualität Ihres Unterrichts von Ihren Teilnehmern eingeschätzt?

WIE SCHÄTZEN SIE DIE QUALITÄT DES UNTERRICHTS EIN?

Diese Aussage trifft zu:

	nicht erkennbar	vollständig	weit- gehend	weder, noch	kaum	gar nicht
Erklärt verständlich	❏	❏	❏	❏	❏	❏
Weckt Interesse	❏	❏	❏	❏	❏	❏
Vermittelt anschaulich	❏	❏	❏	❏	❏	❏
Geht strukturiert vor	❏	❏	❏	❏	❏	❏
Wiederholt, fasst zusammen	❏	❏	❏	❏	❏	❏
Sorgt für die Anwendung des Gelernten	❏	❏	❏	❏	❏	❏
Unterstützt den Lernprozess	❏	❏	❏	❏	❏	❏
Stellt den Praxisbezug her	❏	❏	❏	❏	❏	❏
Sorgt für Abwechslung	❏	❏	❏	❏	❏	❏
Setzt gezielt Medien ein	❏	❏	❏	❏	❏	❏
Vermeidet Über- und Unterforderung	❏	❏	❏	❏	❏	❏
Fördert den Erfahrungsaustausch	❏	❏	❏	❏	❏	❏
Aktiviert die Teilnehmer	❏	❏	❏	❏	❏	❏
Hält sich an Zeitvorgaben	❏	❏	❏	❏	❏	❏
Gibt präzise Arbeitsanweisungen	❏	❏	❏	❏	❏	❏

Auch hier gilt: Wenn Sie Verbesserungsmöglichkeiten entdecken, nutzen Sie sie. Fragen Sie auch Ihre Teilnehmer. Sie haben oft gute Ideen, wie Sie die Qualität weiter verbessern können.

Teilnehmer befragen

UNTERRICHT LERNWIRKSAM GESTALTEN

✓

1. Achten Sie auf eine durchgehende Motivierung Ihrer Teilnehmer. ☐

2. Sprechen Sie in Ihrem Unterricht Gefühle an, arbeiten Sie mit Humor, mit ungewöhnlichen Effekten. ☐

3. Strukturieren Sie Ihren Unterricht, geben Sie eine Übersicht, achten Sie auf den roten Faden, stellen Sie wichtige Punkte heraus. ☐

4. Schaffen Sie durch Veranschaulichung Bilder in den Köpfen Ihrer Teilnehmer. ☐

5. Beziehen Sie die Teilnehmer mit ein, verbessern Sie die Lernausbeute durch eine gute Aktivierung. ☐

6. Wiederholen Sie wichtige Punkte, lassen Sie die Teilnehmer das Gelernte üben und anwenden. ☐

7. Sorgen Sie für einen hohen Praxisbezug, unterstützen Sie die Umsetzung des Gelernten. ☐

7. SCHWIERIGKEITEN MIT EINZELNEN TEILNEHMERN

BEISPIEL

In Ihrem Seminar haben Sie einen Teilnehmer, der sich sehr gerne reden hört. Zu allem und jedem will er seine Meinung beitragen, er erzählt weitschweifig, unterbricht Sie auch schon mal. Sie merken, dass die anderen Teilnehmer und auch Sie selbst langsam genervt sind.

Der schwierige Teilnehmer

Es gibt eine Fülle von Schwierigkeiten, die von einzelnen Teilnehmern provoziert werden. Man denke nur an die berühmt-berüchtigten »schwierigen Teilnehmer«. Das Problem: Solche Teilnehmer tragen oft ihre eigenen Schwierigkeiten in die Lerngruppe, belasten andere und stören die Gruppenharmonie. So verschieden die Schwierigkeiten sein können, so unterschiedlich sind auch die Ursachen.

URSACHEN

Konflikte mit Teilnehmern

Bei den Ursachen lassen sich Faktoren unterscheiden, die durch die Seminarsituation (mit-)bedingt sind, und solche, die eher die Persönlichkeit des einzelnen Teilnehmers betreffen. Konflikte, die durch einzelne Teilnehmer hervorgerufen werden, haben häufig folgende Ursachen:

- Missverständnisse durch Mangel an Informationen und fehlenden Austausch,
- Unsicherheit durch Mangel an Selbstvertrauen und unklare Ziele,

- Unbehagen durch Mangel an Anerkennung und Erfolgserlebnissen,
- Frustrationen durch Mangel an Verständnis für die eigenen Probleme,
- Über- und Unterforderung durch methodische Mängel,
- Gefühl des Ausgeschlossenseins durch Mangel an sozialer Integration,
- Normverletzungen durch mangelndes Gespür für richtiges Verhalten und
- Unvermögen durch mangelndes Wissen und Können.

Auf die meisten dieser Mangelsituationen können Sie Einfluss nehmen. Bedenken Sie aber auch: Es fällt uns leicht, Probleme einzelnen Teilnehmern zuzuschieben und dabei die Situation, in der das Verhalten auftritt, zu vernachlässigen. Die Situation kann aber entscheidend dafür sein, dass ein bestimmtes Verhalten auftritt – und dafür, wie man dieses Verhalten interpretiert.

Frage nach dem »Warum«

> **TIPP**
> Stellen Sie bei störendem Verhalten einzelner Teilnehmer immer die Frage nach dem *Warum*. Jedes Verhalten hat Gründe – und die Gründe können ganz unterschiedlich sein.

KONZENTRATIONSSCHWIERIGKEITEN

Was wir Teilnehmern abverlangen, ist eigentlich eine Zumutung. Wir zwingen Sie, lange Zeit still zu sitzen und uns zuzuhören. Allein das ist schon eine Leistung! Kein Wunder, wenn der eine oder andere Teilnehmer dabei Schwierigkeiten mit seiner Konzentration bekommt. Das kann im Extremfall dazu führen, dass nur noch einer im Seminar konzentriert bei der Sache ist: Sie selbst. Fehlende Konzentration wirkt sich negativ auf die Motivation aus, das wiederum kann Auslöser für Ablenkungen und

Teilnehmer beschäftigen

Störungen sein. Deshalb hier gleich einige Tipps, wie Sie Konzentrationsschwierigkeiten verringern können:

TIPP

1. Aktivieren Sie die Teilnehmer – gerade in Zeiten, in denen die Konzentration abnimmt.
2. Legen Sie die Stoffvermittlung in die Vormittagsstunden, nutzen Sie die Zeit nach dem Mittagessen für Übungen, Gespräche und Diskussionen.
3. Wechseln Sie regelmäßig die Methode. Denken Sie an das Bonmot: *Man kann im Unterricht alles machen, aber nicht über 20 Minuten.*
4. Sorgen Sie für Bewegung. Lassen Sie die Teilnehmer aufstehen, nach vorne kommen, lassen Sie sie den Raum und die Arbeitspartner wechseln.
5. Bauen Sie kurze Lockerungs- und Konzentrationsübungen in Ihren Unterricht ein.

Konzentrationsschwierigkeiten können aber auch noch andere Gründe haben. Die Teilnehmer haben zum Beispiel den letzten gemeinsamen Abend ausführlich gefeiert, oder sie sind am letzten Tag schon in Gedanken bei der Heimfahrt und beim Wochenende.

TIPP

Planen Sie deshalb für die letzten Lerneinheiten im Seminar solche Inhalte ein, die die Teilnehmer besonders interessieren und bei denen sie aktiv mitarbeiten können.

Gespräch führen

Oft ist Müdigkeit darauf zurückzuführen, dass der Unterricht zu anstrengend ist, zu wenig Pausen gemacht werden oder der Stoff und dessen Vermittlung die Teilnehmer nicht interessiert. Der Konzentrationsmangel kann auch darin begründet liegen, dass der Teilnehmer mit wichtigen anderen Sachen – etwa persönlichen Problemen – beschäftigt ist. Hier hilft ein Gespräch weiter.

LERNPROBLEME

Viele Ihrer Teilnehmer sind es nicht mehr gewohnt, in einem Unterricht zu lernen, zuzuhören, sich zu melden, in Gruppen Ergebnisse zu erarbeiten und diese Ergebnisse zu präsentieren. Ihre Erfahrungen mit systematischem Lernen liegen Jahre, teilweise Jahrzehnte zurück – und sind selten uneingeschränkt positiv. Das Problem dabei: Viele Teilnehmer versuchen, ihre in der Ausbildung eingeübten Lernstrategien zu übertragen. Das kann deshalb zu Schwierigkeiten führen, weil das Kurzzeitgedächtnis schlechter geworden ist, dafür aber der Erfahrungsschatz größer. Mit altgedienten Strategien wie *alles mitschreiben* und *sich alles merken* kommt man nicht sehr weit.

Veraltete Lernstrategien

Hinzukommen können Befürchtungen, ob man noch mithalten kann, ob man sich vor der Videokamera nicht blamiert. Deshalb ist es auch nicht verwunderlich, dass knapp die Hälfte aller Teilnehmer nach Untersuchungen angeben, dass sie Schwierigkeiten mit dem Lernen im Seminar hatten. Leider ist es dann häufig so, dass ältere Teilnehmer sich selbst diese Schwierigkeiten zuschreiben nach dem Motto *Ich bin wohl zu alt* oder *Ich bin wohl zu blöd*. Dies ist nicht selten der Anfang einer resignierenden Haltung. Furcht vor Misserfolg aber führt zu Passivität. Der Teilnehmer fragt bei Unklarheiten nicht nach. Denn er ist es ja, der zu »doof« ist, um alles zu verstehen. Weitere Folgen sind die Weigerung, Verantwortung zu übernehmen, und die Flucht in die Gruppenanonymität. Zudem gibt es weitere mögliche Ursachen für Lernprobleme – und Gegenmaßnahmen:

Angst vor der Blamage

VERHALTEN	MÖGLICHE URSACHE
Teilnehmer verlieren schnell die Geduld.	*Stress* auf Grund des Mangels an Zeit, Zielklarheit und Arbeitsmethodik
Teilnehmer sehen jede Kleinigkeit als Grund, die Flinte ins Korn zu werfen.	*Frustration* auf Grund des Mangels an Erfolg und Anerkennung
Teilnehmer gehen nur zögerlich an Neues heran und scheuen sich Dinge anzupacken.	*Unvermögen* auf Grund des Mangels an Können und Wissen
Teilnehmer lehnen neue Ideen und Ansätze strickt als modischen Unsinn ab.	*Rigidität* auf Grund des Mangels an Flexibilität und positiver Einstellung zu Veränderungen

GEGENMASSNAHMEN

1. Sorgen Sie für eine entspannte Lernatmosphäre ohne Erfolgsdruck und Furcht vor Misserfolgen.
2. Greifen Sie Befürchtungen bewusst auf, etwa indem Sie von eigenen Schwierigkeiten berichten und damit deutlich machen, dass dies nichts Besonderes ist.
3. Ermöglichen Sie den Teilnehmern positive Lernerfahrungen.
4. Loben Sie viel, stellen Sie die Leistung der Teilnehmer heraus.
5. Legen Sie Wert auf ausreichend Zeit für den Erfahrungsaustausch, um den Teilnehmern die Möglichkeit zu eröffnen, ihre Erfahrungen einzubringen.
6. Achten Sie am Anfang eines Seminars darauf, dass Sie die Teilnehmer nicht überfordern. Einfache, praxisrelevante Beispiele und ein behutsamer Einstieg helfen dabei.

FEHLENDE MOTIVATION

Wenn die Motivation nicht stimmt, nützt der beste Unterricht nichts: Teilnehmer sind unzufrieden und lernen ungern.

> Teilnehmer werden von Ihrem Chef in ein Seminar beordert, um richtig telefonieren zu lernen. Keiner der Teilnehmer sieht ein, warum er sich mit einem solchen selbstverständlichen Thema zwei Tage lang beschäftigen soll.

Bei der Motivation kann es große Unterschiede geben. Sie verlangt von Ihnen ein hohes Maß an Flexibilität, um sich kurzfristig auf spezielle Lernbedürfnisse einzustellen. Im Unterricht mit wenigen Teilnehmern scheint dies nicht so schwierig, problematisch ist es bei Kursen mit größeren Gruppen.

Es gibt Gründe, warum Motivation erst gar nicht entsteht: Teilnehmer sind ins Seminar geschickt, interessieren sich aber gar nicht für das Thema. Oder sie haben aktuell mit Problemen zu kämpfen, mit Problemen im Team, privaten Sorgen, Umstrukturierungen in der Firma. Ihnen fehlt die Konzentration, um sich auf neue Dinge einzulassen. Bei *Motivationsdefiziten* kann es sinnvoll sein, schon zu Beginn über die Bedenken und Ablehnungsgründe der Teilnehmer zu sprechen oder zumindest die Bedeutung des Themas – am besten an Beispielen – am Anfang ausführlich zu erörtern.

Motivations-»verhinderer«

> **Es hat keinen Sinn, mit dem Unterricht zu beginnen, wenn die Teilnehmer sich gegen das Lernen sperren.** Deshalb kann es sinnvoll sein, erst einmal über den Sinn des Lernens und die Wichtigkeit des Lerngegenstandes mit den Teilnehmern zu diskutieren. **Sollte auch das nicht fruchten, können Sie die Teilnehmer um eine Frist bitten, damit Sie ihnen zeigen können, wie interessant das Thema für sie ist.**

Kompromiss suchen
Vielleicht können Sie mit den Teilnehmern vereinbaren, dass Sie so weit wie möglich auf deren Bedürfnisse eingehen, aber gleichzeitig Ihren Auftrag, der im Seminarprogramm festgehalten ist, erfüllen.

TIPP Auf Inhaltswünsche, die zum Themenkreis gehören, sollten Sie unbedingt eingehen. Die Kunst dabei ist, trotzdem die vorgesehenen Themen zu behandeln und Ihrem Unterricht eine klare Struktur zu geben.

Es gibt aber auch Gründe, warum Motivation verloren gehen kann:

Das interessiert mich nicht.	Die Inhaltsschwerpunkte entsprechen nicht den eigenen Vorstellungen.
Das hilft mir nicht.	Der Lernzuwachs wird als gering eingeschätzt.
Das ist zu theoretisch.	Der Nutzen für die Praxis ist nicht erkennbar.
Das gefällt mir nicht.	Die Art des Unterrichts stößt auf Ablehnung.
Der passt mir nicht.	Das Auftreten des Trainers stößt auf Ablehnung.

Eine gute Motivation bei möglichst allen Teilnehmern aufrechtzuerhalten, ist eine Daueraufgabe im Unterricht. An erster Stelle steht eine Motivierung über die Inhalte, die Sie vermitteln. Als Maßnahmen kommen im Seminar in Betracht:

Motivation aufrechterhalten

- eine starke Beteiligung der Teilnehmer an der Auswahl der Inhalte des Seminars,
- Aufgaben zu unterschiedlichen Schwerpunkten,
- Arbeitsgruppen zu unterschiedlichen Schwerpunkten,
- Zusatzangebote in den Abendstunden und
- Klärung von individuell wichtigen Fragen in Einzelgesprächen.

Durch gezielten Einsatz von Methoden und Medien kann man viele trockene Themen interessant »verpacken« und so *didaktisch-methodisch* motivieren. Einige Möglichkeiten:

Motivieren durch Methodenvielfalt

- Fallbeispiele und gemeinsames Lösen von Problemen,
- Methoden, die die Teilnehmer zur aktiven Mitarbeit und der Übernahme von Verantwortung animieren und
- attraktive Medien wie Filmsequenzen und Lernprogramme.

Zusätzlich können Sie über Ihr Verhalten und ein gutes Arbeitsklima motivieren. Eine interessante Vortragsweise und ein engagierter Dozent können viel dazu beitragen, den Stoff »rüberzubringen«. Wenn sich die Teilnehmer gut kennengelernt haben und ein Gemeinschaftsgefühl entstanden ist, schafft dies eine entspannte Atmosphäre, die sich auch positiv auf den Lernerfolg auswirkt.

Motivieren durch Lernklima

TIPP

1. Stimmen Sie die Inhalte auf den (beruflichen) Alltag und die Erfahrungen der Teilnehmer ab.
2. Beteiligen Sie die Teilnehmer bei der Auswahl des Stoffs.
3. Lassen Sie unnötigen Stoffballast weg.
4. Machen Sie die Ziele des Unterrichts deutlich, und stellen Sie die Wichtigkeit dieser Ziele für den Einzelnen heraus.
5. Begründen Sie Ihre Vorgehensweise, und informieren Sie die Teilnehmer umfassend, damit sie wissen, was Sie vorhaben und warum Sie dies planen.
6. Lassen Sie genügend Raum für den Erfahrungsaustausch unter den Teilnehmern.

UNZUFRIEDENHEIT, UNTER- UND ÜBERFORDERUNG

Gegensteuern bei Unzufriedenheit

Es gibt Teilnehmer, die mit ihrem Job oder bestimmten Aufgaben *unzufrieden* sind, die sie so nie gewollt haben, sich dabei unwohl fühlen. Andere haben massive Probleme mit ihrem Chef oder kommen mit ihrem privaten Leben nicht zurecht. Schulungen interessieren sie dann nicht – oder das Seminar erinnert sie nur noch mehr an ihre Probleme. Solche Teilnehmer können ihren Frust in das Seminar hineintragen. Sie können gegensteuern, indem Sie diesen Teilnehmern Gelegenheit geben, ihre Probleme zu thematisieren. Bieten Sie eine Sprechstunde (abends) an, reservieren Sie ausreichend Zeit für die Bearbeitung von einzelnen Fällen, gehen Sie auf diese Teilnehmer in den Pausen zu.

Anspruchsniveau anpassen

Unter- und Überforderung sind ein häufiges Problem in Kursen. Auch hier gibt es Extreme, die gar nicht so selten vorkommen: Ein Teilnehmer hat bereits einen ähnlichen Kurs besucht, ein anderer sitzt in einem Fortgeschrittenenkurs, hat aber keinerlei Vorkenntnisse und Erfahrungen. Aber selbst wenn man solche Extreme unberücksichtigt lässt: Der Kenntnisstand und Erfahrungsschatz der Teilnehmer ist immer unterschiedlich, Unter-

und Überforderung sind deshalb leicht möglich. Abhilfe ist hier nur mit einer guten Aktivierung, mit einem Unterricht, in dem viel Erfahrungsaustausch praktiziert wird, zu schaffen. Weitere bewährte Möglichkeiten sind:

- Unterricht in Vortragsform reduzieren,
- Aufgaben mit unterschiedlichem Schwierigkeitsgrad anbieten,
- Arbeitsgruppen mit unterschiedlichen Aufgaben versehen,
- Teilnehmer mit Vorwissen als Leiter von Arbeitsgruppen einsetzen und
- Teilnehmerreferate halten lassen.

Bei Gesprächen und Gruppenarbeit sind Unterschiede in den Vorkenntnissen positiv. Geben Sie deshalb diesen Methoden viel Raum, machen Sie das Wissen der Gruppe zur Basis Ihres Unterrichts.

Sie sollten möglichst Zeiten einplanen (etwa in den Abendstunden), um Lernschwierigkeiten einzelner Teilnehmer auffangen zu können – allerdings als freiwilliges Angebot. Bewährt hat sich auch, zusätzliche Übungs- und Wiederholungsphasen für alle Teilnehmer anzubieten. Die Teilnehmer können frei arbeiten, den Stoff wiederholen, vertiefen, eigene Anwendungen entwickeln und bei Bedarf die Hilfe des Dozenten in Anspruch nehmen. Entsprechende Übungsmaterialien und Übungsaufgaben müssen allerdings vorhanden sein.

Lernschwierigkeiten auffangen

> **TIPP**
> 1. Lassen Sie genügend Zeit zur Beschäftigung mit den Inhalten.
> 2. Planen Sie Übungen ein.
> 3. Gliedern Sie Lernstoff in überschaubare Einheiten.
> 4. Lassen Sie die Teilnehmer selbstständig den Stoff erarbeiten.
> 5. Arbeiten Sie mit differenzierten Übungen.
> 6. Bilden Sie Lernpaare, die sich gegenseitig unterstützen.

UNTERSCHIEDLICHE LERNSTILE

Jeder Teilnehmer lernt anderes

Teilnehmer kommen mit unterschiedlichen Bedürfnissen in ein Seminar. Die Bedürfnisse beziehen sich auf die Ziele, die sie mit der Schulung erreichen wollen, aber auch auf die Art, wie sie lernen wollen und am besten lernen können. Dabei lassen sich verschiedene Lernstile unterscheiden. Werden Sie diesen Lernstilen nicht gerecht, können ein geringerer Lernerfolg und Demotivation die Folge sein. Die Tabelle zeigt, woran Sie die Lernstile erkennen.

Lösen von Problemen	Versuchen Teilnehmer mithilfe des Seminars Ziele zu erreichen, oder wollen sie vorhandene Probleme loswerden?	Erreichen von Zielen
Hintergrundwissen	Haben Teilnehmer Interesse an Hintergrundinformationen, an der Frage Warum?, oder interessieren sie sich nur für praktisches Wissen mit hohem Nutzwert?	Anwendungswissen
Patentrezepte	Möchten Teilnehmer einfache Lösungen, die schnell und sicher anzuwenden sind, oder möchten sie Vorschläge, die sie im Alltag erproben können?	Anregungen
analytisch	Versuchen Teilnehmer den Dingen auf den Grund zu gehen oder ist ihnen der Gesamtzusammenhang wichtiger?	ganzheitlich
Strukturen	Überzeugen Teilnehmer eher Beispiele, Vergleiche, Fälle, Bilder oder eher Strukturen, Zusammenhänge und Ablaufschemata?	Bilder
kommunikativ	Lernen Teilnehmer lieber im Austausch mit anderen oder für sich, etwa während sie Ihrem Vortrag lauschen?	individuell

Versuchen Sie den vielfältigen Bedürfnissen durch einen abwechslungsreichen Unterricht gerecht zu werden und ermöglichen Sie Ihren Teilnehmern unterschiedliche Zugänge zum Lernen. Falls ein Teilnehmer unzufrieden ist, können Sie mithilfe der Tabelle überprüfen, ob Sie seinen Lernbedürfnissen zu wenig entgegengekommen sind.

Abwechslungsreicher Unterricht

UNTERSCHIEDLICHE PERSÖNLICHKEITEN

Jeder Teilnehmer hat bestimmte Eigenschaften und Verhaltensweisen. Bei manchen Teilnehmern wirken die einzelnen Verhaltensweisen störend. Das gehört zum Seminar dazu. Selbst die Einschätzungen »positive« und »negative« Eigenschaften umfassen eine nur subjektive Bewertung. Gerne redet man in diesem Zusammenhang von »schwierigen« Persönlichkeiten, doch das ist Schubladendenken. Eine solche Wertung sagt manchmal mehr über den aus, der sie trifft, als über den, dem das Etikett aufgeklebt wird.

Teilnehmerpersönlichkeit berücksichtigen

> **Bestimmte Teilnehmer haben nun einmal bestimmte Eigenschaften und Verhaltensweisen. Sie haben sie nicht, um Sie zu ärgern!**

Nimmt man die Beteiligung am Unterricht als Ausgangspunkt, lassen sich die Teilnehmer zumeist einer von zwei Kategorien zuordnen: Sie sind zu aktiv, stören, nörgeln, versuchen dem Unterricht ihren Stempel aufzudrücken – oder sie sind zu passiv und demotiviert, beteiligen sich nicht, verweigern die Mitarbeit, beschäftigen sich mit anderen Dingen. Allerdings ist die Einschätzung, was *zu* aktiv und *zu* passiv ist, wiederum eine subjektive Einschätzung.

Der Teilnehmer als »Spiegel«

Hinzu kommt: Viele Trainer haben ihre »Lieblingstypen«. Überlegen Sie einmal, mit welchen Teilnehmertypen Sie Ihre besonderen Schwierigkeiten haben. Die Schwierigkeiten, die ein Trainer mit bestimmten Teilnehmertypen hat, haben nicht selten zwei Ursachen:

1. Der Teilnehmer hat eine völlig andere Persönlichkeitsstruktur, er ist anders gepolt, während Sie bei den einzelnen Charaktereigenschaften zu der einen Seite tendieren, tendiert er genau zur anderen Seite.
2. Der Teilnehmer zeigt (negative) Eigenschaften, die Sie von sich selber kennen, aber schon bei sich nicht leiden können.

Der Teilnehmer hält Ihnen also entweder einen Spiegel vor und steht sinnbildlich auf der anderen Seite.

Verhaltensweisen verstehen lernen

Eine Charakterisierung Ihrer Teilnehmer ist deshalb schwierig, weil eine Einteilung in Typen oder Charaktere nie dem Einzelnen gerecht wird. Andererseits können Typisierungen Ihnen helfen, Verhaltensweisen zu verstehen und vielleicht auch angemessen zu reagieren. Das Modell mit den drei unterschiedlichen Persönlichkeitspräferenzen kennen Sie bereits aus dem fünften Kapitel. Diese Eigenschaften sind erst einmal wertneutral. Ein freundlicher und geselliger Teilnehmer ist sicherlich ein beliebter Mitmensch, ein stiller, schweigsamer, nachdenklicher Teilnehmer kann interessant sein, weil er gute Ideen hat und man mit ihm tiefgreifende Gespräche führen kann, die einen persönlich weiter bringen.

Persönlichkeitspräferenzen

Nun haben die jeweiligen Pole bei den Persönlichkeitspräferenzen auch immer eine Schattenseite, nämlich dann, wenn die Eigenschaft ins Negative umschlägt. Sehen wir uns die drei Eigenschaften mit den jeweils zwei Gegenpolen einmal genauer an. Dann lässt sich leicht erschließen, was die schwierige Persönlichkeit von Teilnehmern ausmacht, wovon sie »zu viel« haben.

UMGANG MIT ANDEREN	
Anbiedernde Persönlichkeiten ←→	Distanzierte Persönlichkeiten
geschwätzig – aufdringlich – bevormundend – rechthaberisch	eigenbrötlerisch – konfliktscheu – misstrauisch – egoistisch

Dass Teilnehmer kommunikativ sind und sich häufig und gerne beteiligen, ist ja eigentlich zu begrüßen. Aber man kann des Guten auch zu viel tun. Wenn Sie mit dem Stoff nicht mehr durchkommen, wenn andere Teilnehmer nicht mehr zu Wort kommen, wenn die Beiträge sich immer weiter vom Thema entfernen, wenn die Selbstdarstellung im Mittelpunkt steht, kann das nervig sein und den Unterricht behindern. Zu diesen Typen gehören etwa der Schwätzer und der Besserwisser.

Schwätzer und Besserwisser

Wenn auf der anderen Seite ein Teilnehmer nur ungern mit anderen zusammenarbeitet, seine Vorschläge durchdrücken will, über zu viel Gruppenarbeit schimpft, sich dafür aber gerne hinter anderen versteckt, leidet das Gemeinschaftsgefühl.

UMGANG MIT AUFGABEN	
Zwanghafte Persönlichkeiten ←→	Chaotische Persönlichkeiten
überkorrekt – pedantisch – kleinlich – fehlerfixiert – zahlenverliebt	chaotisch – unberechenbar – launenhaft – unbeherrscht

Ein Teilnehmer will alles genau wissen, hakt bei jeder Kleinigkeit nach, löchert einen mit seinen Fragen. Solche Menschen können sich schnell zu Bedenkenträgern, Pedanten und Nörglern entwi-

Pedant und Perfektionist

ckeln. Zu diesem Typ gehört auch der Perfektionist, es ist fast unmöglich, ihm etwas recht zu machen. Die andere Seite: Dieser Teilnehmer will sich nicht festlegen, ändert gerne seine Meinung, hält sich nicht an Vorgaben, arbeitet gerne mit Ausreden.

UMGANG MIT SICH SELBST		
Egozentrisch-aggressive Persönlichkeiten	←→	Labile Persönlichkeiten
selbstgefällig – eingenommen – arrogant – aggressiv – egozentrisch		ängstlich – aufbrausend – übervorsichtig – konservativ

Starkes Ego – schwaches Ego

Ein Teilnehmer weiß alles besser, redet gerne von sich selbst, ist neidisch auf andere, nimmt sich gerne wichtig. Als Typen gehören hierhin die Aggressiven und die Choleriker. Ein anderer Teilnehmer fühlt sich schnell übergangen, vermutet hinter harmlosen Bemerkungen ein Angriff gegen sich, gerät schnell unter Stress, befürchtet immer gleich das Schlimmste. In diese Kategorie gehören die Zögerlichen und die Ängstlichen.

Verhalten nicht ändern, sondern verstehen

Was können Sie aber tun, wenn Sie solche Teilnehmer in Ihrem Seminar haben? Erst einmal einige Worte dazu, was Sie nicht können. Sie können die Persönlichkeit des Teilnehmers nicht ändern, das versucht vielleicht der Ehepartner oder der Vorgesetzte seit Jahren vergeblich. Sie können auch nicht seine Eigenschaften oder sein generelles Verhalten ändern. Was Sie allerdings tun können: Versuchen Sie, das Verhalten des Teilnehmers verstehen zu lernen und darauf zu achten, welche Verhaltensweisen für Sie und für die anderen Teilnehmer störend sind.

Passendes Verhalten verstärken

Dann können und sollten Sie auf dieses spezifische Verhalten reagieren, direkt und angemessen. Damit lernt der Teilnehmer:

Dieses Verhalten ist hier nicht passend, darauf muss ich achten. Verstärken Sie auf der anderen Seite das Verhalten, das für die gemeinsame Arbeit positiv ist, durch Lob und Anerkennung. Dabei reicht oft schon ein Lächeln oder ein Kopfnicken. Fragen Sie sich, warum der Teilnehmer dieses spezielle Verhalten zeigt. Warum gibt er sich so allwissend? Warum will er so gerne im Mittelpunkt stehen? Oft ist die Antwort einfach: Weil er etwas davon hat. Er erhält Aufmerksamkeit, Bestätigung, freut sich über seine Macht.

> Ein Teilnehmer kommt regelmäßig zu spät. Sie greifen die Situation humorvoll auf und scherzen mit dem Teilnehmer. Die anderen lachen darüber. Dies bringt dem Teilnehmer Aufmerksamkeit, und vielleicht ist das der Grund, warum er sich auch beim nächsten Mal wieder Zeit lässt, ins Seminar zu kommen.

Nun möchte ich Ihnen noch einige Hinweise geben, welche Verhaltensweisen Sie bei bestimmten Typen einmal ausprobieren können – und dazu gleich Formulierungen anbieten, die Sie dazu nutzen können. Ich beginne mit dem *Schwätzer*. Er erzählt nicht nur viel, er schweift auch gerne vom Thema ab. Ihr Vorgehen:

Vorgehen beim Schwätzer

- erst einmal eine gewisse Zeit zuhören,
- nicht durch Nicken oder gar Nachfragen Interesse zeigen,
- am Ende eines Gedankens die Initiative wieder übernehmen,
- Aussagen zusammenfassen, den Kern herausarbeiten,
- auf Ziel oder Zeit verweisen,
- das Gespräch wieder für die Gruppe öffnen und
- Unterbrechung mit Nennung des Namens einleiten.

> **BEISPIEL**
>
> *Herr Mehl, da die Zeit mittlerweile etwas knapp geworden ist und damit wir schneller zum Ziel kommen, schlage ich vor ...*

Vorgehen beim Besserwisser

Der *Besserwisser* weiß oft besonders gut, warum etwas nicht funktionieren wird:

- Nehmen Sie zu seinen Behauptungen sachlich Stellung.
- Stellen Sie ihn nicht bloß, sonst versucht er sich nur noch mehr zu profilieren.
- Versuchen Sie ihn in die Suche nach Lösungen einzubinden.
- Lassen Sie die Gruppe zu seinen Behauptungen Stellung nehmen.
- Und noch ein Hinweis: Vermeiden Sie das Wort *aber*.

> **BEISPIEL**
>
> *Herr Schneider, Sie haben sicherlich recht ... und sicherlich haben Sie auch einen Vorschlag ...*
>
> Nicht: *Herr Schneider, Sie haben sicherlich recht, aber ...*

Vorgehen beim Streitsüchtigen

Dem *Streitsüchtige*n geht es nicht um die Sache, sondern darum, recht zu haben. Bleiben Sie sachlich und ruhig. Versuchen Sie seine Behauptungen sachlich zu widerlegen und bitten Sie andere um ihre Meinung.

> *Frau Novotny, Ihre Argumente haben wir gehört.*
> *Mich würde interessieren, was die anderen Teilnehmer ...*

Der *Nörgler* findet immer etwas Negatives, das berühmte Haar in der Suppe: Lassen Sie ihn ausreden, denn auch Nörgler wollen akzeptiert werden. Dann ziehen Sie ihn auf die sachliche Ebene, um wieder zum eigentlichen Gespräch zurückkehren zu können. Motivieren Sie schließlich, lockern Sie das Gespräch auf, um die Gesprächsatmosphäre günstig zu beeinflussen.

Vorgehen beim Nörgler

> *Herr Brunner, Ihre Argumente habe ich verstanden.*
> *Was stellen Sie sich denn vor, wie wir ...*

Der *Ablehner* ist grundsätzlich dagegen, auch wenn der Vorschlag noch so gut ist. Zeigen Sie die Vorteile auf und fragen Sie ihn nach seinen Argumenten. Stellen Sie die Vorteile heraus und beziehen Sie die Gruppe mit ein.

Vorgehen beim Ablehner

> *Frau Rieger, ich verstehe Ihren Einwand, aber haben Sie schon*
> *mal daran gedacht ...*

7. Schwierigkeiten mit einzelnen Teilnehmern

Vorgehen beim Choleriker

Choleriker sind aufbrausend, von einer Sekunde auf die andere verlieren sie die Geduld. Sich gegenüber Cholerikern richtig zu verhalten, ist schwierig. Sobald man dagegenhält, macht man den Choleriker meist nur noch wütender. Bleiben Sie am besten ruhig, lassen Sie sich durch das aufbrausende Verhalten nicht irritieren. Und bleiben Sie sachlich, auch wenn Ihr Gegenüber Sie persönlich angreift. Sprechen Sie sein Verhalten an.

> *Frau Schmitz, warum reagieren Sie denn jetzt so ungehalten?*

Vorgehen beim Selbstdarsteller

Kommen wir zum *Selbstdarsteller*. Er sucht eine Bühne für seine vermeintlich beeindruckenden Beiträge – und die Schulung eignet sich dazu gut. Er stellt interessante Fragen, um seine Fachkompetenz herauszustellen, er hat jede Menge Erfahrungen, an denen er nur zu gerne andere teilnehmen lässt. Er weiß vieles, und wenn dies ausnahmsweise mal nicht der Fall sein sollte, kennt er mit Sicherheit eine wichtige und bekannte Person, die er jederzeit fragen kann. Ihr Vorgehen:

- Öffnen Sie das Gespräch konsequent für die anderen Teilnehmer.
- Animieren Sie die Person nicht durch Nicken oder gar Fragen dazu, noch weiter auszuholen.
- Stellen Sie eine Regel auf: Verständnisfragen bitte während des Vortrags, Ergänzungen bitte im Anschluss.
- Nehmen Sie verstärkt andere Teilnehmer dran.
- Geben Sie ein kurzes Feedback.

Herr Brinker, Ähnliches hat ja vorhin schon Frau Klein berichtet.

Bedenkenträger und Skeptiker wissen immer einen Grund, warum etwas nicht klappen kann. Diese Haltung kann auf Erfahrung und Resignation, aber auch auf Faulheit und Rigidität fußen. Zeigen Sie die Möglichkeit an praktischen Beispielen auf und fragen Sie konsequent nach:

Vorgehen beim Skeptiker

- Wann glauben Sie, dass das nicht klappen kann?
- Haben Sie bereits Erfahrungen diesbezüglich gemacht?
- Wie sahen diese Erfahrungen im Detail aus?
- Teilen alle diese Einschätzung?

Untermauern Sie Ihre Ausführungen mit harten Fakten, mit Zahlen und Grafiken. Bitten Sie dann um konkrete Vorschläge.

Ich sehe, Sie halten wenig davon. Was schlagen Sie stattdessen vor?

AUSWIRKUNGEN

Wie wirken sich diese Verhaltensweisen auf das Seminargeschehen aus? Der Klassiker sind Störungen in unterschiedlichen Formen. Manchmal kommen aber auch Sticheleien oder Angriffe vor.

ABLENKUNGEN

Von Ablenkungen ablenken

Wenn sich Teilnehmer mit anderen Dingen beschäftigen, Unterlagen durchsehen, am Computer E-Mails checken, Nachrichten auf ihrem Handy abrufen oder gar Zeitung lesen, ist dies erst einmal ein Zeichen von Desinteresse. Dies kann an ihrer Grundeinstellung liegen, daran, dass sie die Inhalte nicht interessieren, aber auch an Ihrer Art des Unterrichts. Die erste Überlegung ist natürlich, wie Sie es vermeiden können, dass Teilnehmer nach Ablenkungen suchen. Denken Sie hier wieder an den ungeschriebenen Vertrag, den Sie mit jedem Ihrer Teilnehmer haben:

- Schaffen Sie es, ihm zu dem Lernerfolg zu verhelfen, den er erwartet?
- Schaffen Sie es, dass er sich im Seminar wohlfühlt?

Die Suche nach Ablenkungen hat oft simple Ursachen. Wenn Sie die Teilnehmer zwingen, Ihnen eine Dreiviertelstunde zuzuhören und sie mit einem umfänglichen PowerPoint-Präsentation »beglücken«, können Ablenkungen allein schon aus Bewegungs- und Konzentrationsmangel entstehen.

Ablenkungen durch Aktivität vermeiden

Es gibt viele weitere Möglichkeiten, Ablenkungen zu vermeiden. So können Sie die Teilnehmer am Anfang der Schulung darauf hinweisen, welche Materialien sie für den Unterricht benötigen und welche nicht. Bitten Sie, andere Unterlagen wegzupacken. Ist die Ablenkung aber erst einmal da, sollten Sie Kontakt zu dem Teilnehmer aufnehmen. Nähern Sie sich ihm, nehmen Sie Blickkontakt auf. Vielleicht müssen Sie vorher durch eine Pause oder eine Frage seine Aufmerksamkeit wiedergewinnen. Bringen Sie Abwechslung in Ihren Unterricht, aktivieren Sie, bauen Sie Arbeitsphasen ein. Zur schnellen Aktivierung eignet sich gut eine kurze Partnerarbeit. Und sorgen Sie dafür, dass eine Ablenkung für andere nicht zur Störung wird oder zumindest die Störung gemildert wird.

> Bitten Sie einen Teilnehmer, der aus nachvollziehbaren Gründen sein Handy anlassen will, es auf Vibrationsmodus zu schalten und dann zum Telefonieren den Raum zu verlassen.
>
> BEISPIEL

STÖRUNGEN

Aus Ablenkungen können Störungen entstehen. Charakteristisch für Störungen ist, dass sie den Lernprozess hindern und teilweise die Aufmerksamkeit der anderen Teilnehmer auf sich ziehen. Wenn Teilnehmer sich miteinander unterhalten oder ein Handy klingelt, dann geht dies bereits in Richtung Störung.

Störungen kommen in (fast) jedem Unterricht vor. Sehen Sie Störungen deshalb als normal an und bedenken Sie, dass sie meist nicht auf Sie gemünzt sind – und dass *Störung* ein sehr subjektiver Begriff ist. Was für den einen Trainer eine Unverschämtheit ist, bemerkt ein zweiter vielleicht gar nicht. Den einen stört es, wenn Teilnehmer zu spät kommen, den anderen, wenn sie in den Unterlagen blättern. Was genau würde Sie stören? Nutzen Sie dazu den Kasten auf Seite 98.

Störungen als normal definieren

WELCHE DIESER VERHALTENSWEISEN WÄREN BEI IHNEN STÖRUNGEN?

Ein Teilnehmer schlägt wild um sich, um eine Biene zu vertreiben.	❏
Ein Teilnehmer packt einen Apfel aus und beißt hinein.	❏
Ein Teilnehmer öffnet das Fenster, kurz danach macht ein anderer es wieder zu.	❏
Ein Teilnehmer kommt zu spät und entschuldigt sich bei Ihnen wortreich.	❏
Teilnehmer führen Nebenunterhaltungen.	❏
Ein Teilnehmer erledigt im Seminar seine Post.	❏
Ein Teilnehmer stellt wiederholt sehr spezielle Fragen, die für die anderen Teilnehmer ohne Interesse sind.	❏
Ein Teilnehmer geht zu einem anderen und unterhält sich kurz mit ihm.	❏
Ein Teilnehmer liest Zeitung.	❏
Ein Namensschild fällt runter, zwei Teilnehmer beginnen mit ihren Füßen danach zu fischen.	❏
Ein Teilnehmer meldet sich fast bei jeder Frage.	❏
Ein Teilnehmer schläft im Unterricht ein.	❏
Ein Teilnehmer redet oft und gern.	❏

Sie sehen bereits an diesen Beispielen, dass sich Störungen aus Situationen ergeben können und nur zum Teil immer bewusst geschehen. Vielleicht haben Sie in Ihrem Kurs jemanden sitzen, der zwischendurch immer mal wieder sein Butterbrot auspackt. Vielleicht nervt Sie das – aber nur, weil Sie nicht wissen, dass es sich um einen Diabetiker handelt! Überlegen Sie also genau, ob Sie ein Verhalten stört, überlegen Sie auch, ob eine Reaktion angemessen ist – und wenn ja, welche.

Angemessen reagieren

Störungen rufen bei Dozenten oft Ärger hervor – und dann ist es auch schon ein Problem für Sie. Denn solch ein Ärger drückt sich schnell in Ihrer Körpersprache aus, Sie verkrampfen sich, Ihr Lächeln schwindet, Ihre Stimme wird »kälter«. Das merken dann häufig auch die Teilnehmer. Sie haben bei solchen Störungen zwei grundsätzliche Möglichkeiten: abwarten oder reagieren.

Abwarten und reagieren

Beim »Abwarten« übersehen Sie das störende Verhalten. Vielleicht hört es von selbst wieder auf, vielleicht sorgen andere Teilnehmer für Abhilfe, etwa durch genervte Blicke. Auch wenn Sie die Störung erst einmal ignorieren wollen: Zeigen Sie, dass Sie die Störung wahrgenommen haben. Fühlen Sie sich durch den Störer irritiert, reduzieren Sie den Blickkontakt mit dem Störer, schauen Sie zu den Teilnehmern, die Ihnen aufmerksam folgen.

Störung ignorieren

Sie können Störungen ignorieren, wenn diese nicht die Aufmerksamkeit der anderen Teilnehmer beeinträchtigen. Manchmal ist es auch deshalb ungünstig, auf eine Störung zu reagieren, weil sie dadurch noch verstärkt wird. Nehmen wir zum Beispiel jemanden, der häufig zu spät kommt. Vielleicht macht er das auch, weil er dann jeweils die Aufmerksamkeit der ganzen Gruppe hat.

Sie können Störungen dann nicht mehr ignorieren, wenn andere derart abgelenkt werden, dass die Konzentration auf den Unterricht verloren geht. Dann müssen Sie agieren. Fragen Sie sich: Wird sich die Störung abschwächen, ist sie nur von kurzer Dau-

Eskalation verhindern

7. Schwierigkeiten mit einzelnen Teilnehmern

er oder wird sie sich im Gegenteil wahrscheinlich verstärken oder auf andere ausweiten?

> **Störungen neigen immer dann dazu, zu eskalieren, Aufmerksamkeit auf sich zu ziehen und Folgeeffekte zu provozieren, wenn sich hinter der Störung Gefühle wie Langeweile, Frustration oder Ärger verbergen.**

Freundlich und bestimmt reagieren
Grundsätzlich gilt für Ihre Reaktion: Bleiben Sie freundlich, aber bestimmt. Denken Sie immer daran: Wie Sie auch reagieren, Sie sind als Dozent immer Vorbild für den Umgangsstil im Seminar. Und schießen Sie nicht gleich mit Kanonen auf Spatzen. Gehen Sie Stufe für Stufe vor. Das heißt: Wenn Teilnehmer miteinander schwätzen, reicht vielleicht ein längerer Blick aus, um sie zum Aufhören zu bewegen. Vielleicht hilft es auch, sich ihnen zu nähern. Drängt sich ein Teilnehmer dauernd in den Vordergrund, können Sie sich vielleicht so setzen, dass er nicht mehr in Ihrem Blickfeld ist, und ihn ab und zu »übersehen«. Auch eine sachlich-interessierte Frage kann in diesem Fall nützlich sein: *Ist noch etwas unklar geblieben?* Nützt dies nichts oder zeigt der Teilnehmer ein *demonstratives Desinteresse*, führen Sie mit ihm ein Gespräch unter vier Augen.

> **Weisen Sie einen Teilnehmer nie vor der Seminargruppe zurecht. Dies könnte er als persönlichen Angriff empfinden. Er wird einen Gegenangriff starten, um vor den anderen sein Gesicht zu wahren.**

Gründe herausfinden
Erläutern Sie ihm, was Sie stört, warum Sie dies stört, fragen Sie ihn nach dem Grund für sein Verhalten und treffen Sie mit ihm eine Vereinbarung. Diese Vereinbarung kann auch darin bestehen, dass Sie dem Teilnehmer freistellen, das Seminar zu verlassen, wenn er wirklich kein Interesse an dem Thema hat.

BEDENKEN, AUSTESTEN UND NADELSTICHE

Wenn sich Teilnehmer langweilen, wenn sie mit der Darstellung des Themas nicht zufrieden sind, wenn sie mit der Person und dem Auftreten des Trainers nicht einverstanden sind oder einfach gerne mal provozieren, verfallen sie schon mal auf die Idee, den Trainer »auszutesten«. Bisweilen geht es einem Teilnehmer dann darum, recht zu bekommen oder seine Meinung durchzusetzen, bisweilen wird er aus Resignation zum Bedenkenträger.

Den Trainer »austesten«

Überlegen Sie vorab, an welchen Stellen im Unterricht Sie mit Widerständen rechnen müssen, welche Einwände bei kritischen Themen von Teilnehmerseite kommen können und wo die Teilnehmer möglicherweise nachhaken. Bereiten Sie sich darauf vor. Im Folgenden zeige ich Ihnen, auf welche Mittel Ihre Teilnehmer verfallen könnten – und was Sie dagegen tun sollten:

Methoden des »Austestens«

Der Teilnehmer stellt eine *Suggestivfrage*. Die Antwort wird Ihnen also schon in den Mund gelegt. Er erweckt den Eindruck, es gäbe nur eine richtige Antwort. Er sagt: *Sie sind doch auch der Auffassung, dass man hier im Seminar etwas gegen die vielen Raucherpausen unternehmen muss, nicht wahr?* Die Abwehr besteht darin, zu widersprechen, wenn Sie anderer Ansicht sind.

Suggestivfrage

Er stellt eine *Fangfrage*. Man kann durch Alternativfragen den Eindruck zu erwecken, es gebe nur zwei Möglichkeiten zur Antwort. Beispiel: *Sind Sie für oder gegen Raucherpausen?* Die Abwehr besteht darin, offen zu legen, dass Sie noch andere Alternativen haben. Zum Beispiel, einen weiteren Vorschlag oder keinen der Vorschläge anzunehmen.

Fangfrage

Er »*verpackt*« seine Behauptung, indem er bestimmte Annahmen voraussetzt. *Was gedenken Sie gegen die immer längeren Raucherpausen zu tun, Herr Seminarleiter?* Bei dieser Form der

»Verpackte« Nadelstiche

Frage spielt es eine besonders wichtige Rolle, die Vorannahmen zu erkennen. Die Vorannahmen in dem Beispiel sind:

- Die Raucherpausen sind zu lang.
- Die Raucherpausen werden immer länger.
- Dagegen muss etwas unternommen werden.

Sie sind dem Frager bereits auf den Leim gegangen, wenn Sie seine Frage nicht hinsichtlich der Vorannahmen hinterfragen. Antworten Sie also beispielsweise: *Was bringt Sie zu der Ansicht, dass die Raucherpausen zu lang sind?*

Traineraussagen abwerten

Oft geht es bei Teilnehmeräußerungen auch darum, die *Aussagen des Trainers abzuwerten*. Wenn Sie damit konfrontiert werden, können Sie so vorgehen:

Abfällige Bemerkungen sachlich kontern

Wenn Teilnehmer unzufrieden sind oder über wenig Motivation verfügen, können abfällige Bemerkungen vorkommen, etwa: *Schade um die Zeit hier.* Überlegen Sie, ob Sie überhaupt reagieren wollen – wobei Ihre Reaktion auch davon abhängig ist, wie laut und in welchem Tonfall die Äußerung erfolgte. Wenn Sie reagieren, reagieren Sie sachlich. Wenden Sie sich dem Teilnehmer zu, hinterfragen Sie die Bemerkung. Damit erfährt der Teilnehmer zweierlei: Sie nehmen solche Bemerkungen ernst und Sie nehmen sich dieser Bemerkung an. Was für den Teilnehmer auch bedeutet: *Wenn ich eine solche Bemerkung mache, muss ich auch damit rechnen, dass der Trainer das aufgreift.*

Provokationen abwehren

Ein Teilnehmer will Sie provozieren – ein Beispiel: *Ja, sollen wir uns denn nur noch mit diesem neumodischen Kram beschäftigen? Wer soll denn dann eigentlich noch die Arbeit machen?* Überlegen Sie in einem solchen Fall als Erstes, ob Sie den Teilnehmer mit Ihren Ausführungen nicht zu einer solchen Äußerung provoziert haben. Dann kann es sinnvoll sein, sie zurückzunehmen: *Vielleicht habe ich Ihre Aufgabe etwas zu umfänglich dargestellt. Natürlich haben Sie recht, wenn Sie ... Bleiben Sie auch bei provokanten Fragen sachlich.* Sie können die Frage auch zurückspiegeln: *Das ist eine interessante Frage. Haben Sie sich über die Antwort schon Gedanken gemacht?*

Bei der Gefühlsappelltechnik wird nicht sachlich argumentiert, sondern es werden Vorurteile mobilisiert, oder es wird an Gefühle appelliert.

Maßnahme bei Gefühlsappelltechnik

Sie:	In vielen Projekten wird die Höhe der Ausgaben zu wenig überwacht.
Teilnehmer:	Ja wollen Sie denn, dass wir alle bei jedem Bleistift einen Antrag stellen, der dann umständlich genehmigt werden muss? Ich denke, wir haben schon genug Arbeit und genug Bürokratie.

Ihre Gegenmaßnahme: Legen Sie die Vorurteile offen, führen Sie die Übertreibungen auf den sachlichen Gehalt zurück, gehen Sie dann auf die Bedenken ein.

Bei den Verdrehungstaktiken werden Thesen und Begriffe des Gegners aufgenommen und im Sinne des Angreifers verfälscht. Sie kennen sicher den passenden Ausdruck: einem das Wort im Mund verdrehen.

Verdrehungstaktik kontern

Sie:	Die Arbeitsbelastung in Projekten ist oft sehr hoch.
Teilnehmer:	Sie reden hier von Belastung. Aber es ist doch gar keine Belastung. Es ist doch vielmehr ein glücklicher Umstand, dass die Projektmitarbeiter zeigen können, was sie draufhaben.

Semantische Fallen umgehen

Legen Sie das unterschwellig Behauptete offen. Diskutieren Sie mit den Teilnehmern, ob sich hinter der Behauptung tatsächlich ein Problem verbirgt.

Der Teilnehmer stellt semantische Fallen auf: Ein und dasselbe Wort kann ganz unterschiedliche Bedeutungen haben, je nachdem, welche Werthaltungen ein Mensch hat. Eine häufige Form ist das Umetikettieren von Wörtern.

> **BEISPIEL**
>
> Sie sprechen im Seminar über Möglichkeiten, durch Rationalisierung Kosten einzusparen. Ein anwesender Betriebsratsvorsitzender fragt Sie: *Können Sie es wirklich mitverantworten, dass es zur Arbeitsplatzvernichtung durch diesen Rationalisierungsterror kommt?*

Was ist geschehen? – Der Betriebsratsvorsitzende hat den Begriff *Rationalisierung* in *Arbeitsplatzvernichtung* und *Rationalisierungsterror* umetikettiert. Greifen Sie den unterschiedlichen Gebrauch der Wörter und die unterschiedliche Sichtweise auf.

Übertreibungen offen legen

Bei der Übertreibungstechnik wird die These des Gegenübers ins Gefährliche oder Absurde übertrieben.

> **BEISPIEL**
>
> Auf die These, man solle mehr Telearbeitsplätze einrichten, fragt ein Teilnehmer: *Ja wollen Sie denn, dass wir uns mit unseren Mitarbeitern nur noch auf dem Betriebsausflug unterhalten können?*

Legen Sie offen, dass die eigenen Argumente übertrieben dargestellt wurden.

Pauschalisierungen sind sehr beliebt, um jemanden aus dem Konzept zu bringen und um die eigene Unlust und Unsicherheit zu verbergen. Beispiele für Killerphrasen sind:

Killerphrasen

- *Das kann ja gar nicht funktionieren.*
- *Darüber brauchen wir gar nicht erst zu reden.*
- *Das wird überall so gemacht.*
- *Dazu haben wir keine Zeit.*
- *Das können Sie gar nicht beurteilen.*

Hier hilft nur gezieltes Nachfragen, um die wahren Gründe für die Ablehnung zu ermitteln. Dabei können Sie grundsätzlich folgende Strategien ausprobieren, die allesamt zum Ziel haben, dem Teilnehmer zu zeigen, dass Sie seine »Spielchen« nicht mitmachen wollen:

Gegenwehr durch gezieltes Nachfragen

- *Nachfragen.* Fragen Sie nach den Hintergründen: *Herr Frank, Ihr Einwand zeigt mir, dass Sie nicht von dem Nutzen dieses Vorgehens überzeugt sind. Wo sehen Sie Schwierigkeiten bei der Umsetzung?* Bei pauschalen Aussagen können Sie die Aussagen konkretisieren lassen. Das zwingt den Teilnehmer zu präzisen Angaben, mit denen Sie sich besser auf Sachebene auseinandersetzen können: *Herr Frank, können Sie genauer erläutern, was Sie damit meinen?*
- Mit *Schlagfertigkeit* reagieren. Schlagfertigkeit ist oft die beste Methode zur Abwehr unfairer Angriffe. Sie kann allerdings schlecht trainiert werden. Dazu ein Beispiel, wie Altbundeskanzler Adenauer folgenden Angriff abwehrte: *Früher haben Sie aber eine andere Meinung vertreten.* Er antwortete: *Wollen Sie mir verbieten dazuzulernen?*

Schlagfertig sein

- *Dem Teilnehmer zustimmen.* Sie tun genau das, was der Teilnehmer nicht erwartet – Sie stimmen ihm zu, etwa so: *Ihr Einwand ist berechtigt, Herr Frank. Es gibt noch weitere*

Vertagen und abbrechen

Argumente, die dagegensprechen. In der Diskussion werden wir gleich darauf eingehen.
- *Vertagen.* Wenn die Frage nur den einen Teilnehmer interessiert, aber nicht die Seminargruppe, wenn Sie fürchten, den roten Faden zu verlieren, wenn die Frage eher zu einem Thema passt, das Sie ohnehin später ansprechen wollen, können Sie das Gespräch vertagen: *Herr Frank, diesen Punkt würde ich gerne gleich mit Ihnen in der Pause klären.*
- *Diskussion abbrechen.* Falls keine konstruktive Auseinandersetzung möglich ist, sollten Sie die Diskussion abbrechen: *Herr Frank, ich denke, an diesem Punkt kommen wir nicht weiter. Ich schlage vor, dass ich erst einmal fortfahre. Falls Sie alle einverstanden sind …*

ANGRIFFE

> **BEISPIEL**
>
> *Ein Teilnehmer sagt zu Ihnen: Sie reden dauernd etwas über die tollen Möglichkeiten, die Projektmanagement für uns bietet. Aber das ist doch alles Unsinn. Entweder haben Sie keine Ahnung, wie ein Projekt in der Praxis tatsächlich abläuft, oder Sie haben keine Ahnung, was bei uns so los ist. Oder Sie haben von beidem keine Ahnung, was ich stark vermute.*

Unfairness und persönliche Angriffe

Persönliche Angriffe sind für jeden Menschen schwierig, kommen aber in Seminaren selten vor. Zwei Formen sind beliebt:

- Ihnen wird fehlende Sachkenntnis unterstellt: *Können Sie das als Außenstehender überhaupt beurteilen?*
- Oder Ihre Glaubwürdigkeit wird angezweifelt: *Das haben Sie gestern auch schon behauptet. Aber deshalb stimmt es immer noch nicht.*

Unfaire Angriffe zeichnen sich im Kern durch zwei Punkte aus:

1. Es wird etwas unterschwellig behauptet, was nicht direkt benannt ist.
2. Das, was unterschwellig behauptet wird, ist sachlich falsch.

Angriffe sind vor allem aus zwei Gründen gefährlich: zum einen, weil es nicht immer leicht ist, die unterschwelligen Behauptungen zu erkennen. Zum Zweiten sind die unterschwelligen Behauptungen in der Regel nicht dadurch erfolgreich zu entkräften, dass man ihnen einfach wider-spricht.

Gefährliche Angriffe

Lassen Sie sich nicht auf eine inhaltliche Diskussion ein, sonst entsteht leicht der Eindruck, es könne doch was an den Behauptungen dran sein. Es dem Angreifer mit gleicher Münze heimzuzahlen, ist ebenfalls keine gute Lösung. Dazu ein Beispiel:

Gleiche Münze – stecken lassen!

Nach einer Vortragssequenz werden Sie gefragt: *Können Sie das als Außenstehender eigentlich beurteilen?* Wenn Sie jetzt zurückschlagen: *Was erlauben Sie sich eigentlich, mir jetzt diese Frage zu stellen?*, dann kann sich der Angreifer immer elegant auf die Position zurückziehen, er habe doch gar nichts Negatives gesagt. Er wisse gar nicht, warum Sie sich so aufregen würden.

Auf keinen Fall sollten Sie diese drei Fehler begehen:

Kardinalfehler vermeiden

- Lassen Sie sich nicht die emotionale Stimmung, die Lautstärke oder den Grad der Unfairness des Angreifers aufdrängen.
- Begeben Sie sich nicht in Rechtfertigungsposition.
- Hüten Sie sich, Erklärungen abzugeben.

BEI ANGRIFFEN IN SECHS SCHRITTEN VORGEHEN

1. Gehen Sie bewusst auf den Teilnehmer ein. Setzen Sie dabei den Fokus auf die sachliche Aussage.
2. Zeigen Sie sich offen für die Erfahrungen Ihrer Teilnehmer. Die Teilnehmer sollen ja nicht nur von Ihnen lernen, sondern auch voneinander und auch Sie von den Erfahrungen der Teilnehmer.
3. Nehmen Sie sachlich Stellung und bleiben Sie bewusst auf der Sachebene: *Sie haben recht, dass ich gerne Gruppenarbeit einsetze. Aber das hat einen bestimmten Grund ...*
4. Fragen Sie zurück: »*Was wollen Sie damit sagen?*« Damit fordern Sie den Teilnehmer auf, die unterschwellige Behauptung offen zu legen. Das kann er aber nicht tun, weil er ja nicht weiß, ob sie stimmt.
5. Relativieren Sie. Machen Sie die Grenzen der Nutzbarkeit Ihrer Informationen und die Subjektivität Ihrer Erfahrungen deutlich.
6. Stellen Sie zum Schluss eine offene Fragen – auch, um das Gespräch wieder für die anderen Teilnehmer zu öffnen, etwa: *Gut, dass Sie Ihre Erfahrungen einbringen.* Oder: *Gibt es sonst noch Hinweise aus der Praxis?* Sie können so auch feststellen, ob es sich um eine Einzelmeinung handelt oder andere Teilnehmer die Meinung teilen: *Ich möchte gerne wissen, was die anderen Teilnehmer von diesem Argument halten.*

Bei persönlichen Angriffen beachten:

- Lassen Sie den Teilnehmer ausreden.
- Bleiben Sie ruhig, bleiben Sie sachlich.
- Lassen Sie Behauptungen wiederholen.
- Fragen Sie nach.
- Analysieren Sie die Ursachen des Angriffes.
- Verlangen Sie Beweise.
- Verlangen Sie die Klärung von Begriffen und Sachverhalten.
- Falls alles nichts hilft, bleibt immer noch ein Mittel: Sprechen Sie die Art des Umgangs miteinander an.

Legen Sie stattdessen durch konsequentes Nachfragen die falschen bzw. unterschwelligen Behauptungen offen.

Abwehrmöglichkeiten

Zu den Abwehrmöglichkeiten unfairer Angriffe ein Beispiel:

> Sie wollen ein Thema durch die Teilnehmer in der Gruppe erarbeiten lassen. Daraufhin greift ein Teilnehmer Sie an: *Wollen Sie uns denn alles selber tun lassen? Sie sind wohl schlecht vorbereitet.*

KONFLIKTE

Störungen, Austesten und Angriffe können zu einem Konflikt zwischen Ihnen und dem betreffenden Teilnehmer ausarten, wenn der Teilnehmer stur seinen Konfrontationskurs beibehält und wenn Sie nicht professionell reagieren. Beachten Sie: Sie sind der Profi, deshalb tragen Sie die Hauptverantwortung. Dazu gehört, dass Sie eine solche Eskalation nicht zulassen – und erst recht nicht durch Ihr Verhalten fördern.

Konflikte vermeiden

- Versuchen Sie Ihre *Souveränität* zu behalten. Nehmen Sie das Verhalten und die Angriffe Ihres Gegenübers nicht persönlich. Er will ja eigentlich nicht Sie persönlich angreifen, sondern er kämpft um die Sache. Ungebührliches Verhalten ist oft ein Zeichen der Schwäche: Er weiß sich nicht anders zu wehren.

Souverän bleiben

- Versuchen Sie sein Verhalten *sachlich und distanziert* zu betrachten. Je weniger Sie emotional beteiligt sind, je mehr Sie einen kühlen Kopf bewahren, desto besser können Sie in der Verhandlung agieren und die Zügel in der Hand halten.

- Suchen Sie mit diesem Teilnehmer das *Gespräch*. Das Ziel ist, sich einerseits sich auf der Sachebene um Konsens zu bemühen, andererseits die Situation des Teilnehmers, ob schwierig oder nicht, im Auge zu behalten und auf emotionaler Ebene Solidarität zu signalisieren.

8. SCHWIERIGKEITEN ZWISCHEN EINZELNEN TEILNEHMERN

> **BEISPIEL**
>
> Zwei Teilnehmer gehen auf Konfrontationskurs. Beiträge des anderen werden mit schöner Regelmäßigkeit kritisiert.

Ein Seminar, die Zusammenkunft mit anderen, meist unbekannten Menschen, ist eine ungewöhnliche Situation – und damit auch eine Situation, in der schnell Dissonanzen entstehen können.

URSACHEN

Jeder Mensch ist anders, jeder hat sympathische und weniger sympathische Züge. Unterschiedliche Charaktere, unterschiedliche Einstellungen und Gewohnheiten sowie unterschiedliche Eigenschaften und Verhaltensweisen können im Seminar nicht immer unter einen Hut gebracht werden. Hinzu kommen Dissonanzen, die aufgrund unterschiedlicher Zielvorstellungen und unterschiedlicher Bedürfnisse entstehen.

Streit zwischen Teilnehmern

Gemeint sind hier nicht Meinungsverschiedenheiten in Sachfragen nach dem Motto *Wer ist der richtigen Meinung?*. Solche Meinungsverschiedenheiten sind für einen guten Lernerfolg und ein lebendiges Seminar eher von Vorteil. Die Fronten dürfen sich aber nicht verhärten, sonst kann sich tatsächlich nach und nach ein Konfliktpotenzial aufbauen. Wenn ich von »Schwierigkeiten zwischen einzelnen Teilnehmern« spreche, meine ich eher folgende drei Situationen:

Beispiele für Schwierigkeiten zwischen Teilnehmern

- Die Schwierigkeiten werden ins Seminar getragen: Die Teilnehmer kennen sich bereits, haben auch sonst Schwierigkeiten miteinander und sehen vielleicht Ihr Seminar als willkommene Bühne, vor Publikum die Streitigkeiten auszutragen. Möglich ist auch, dass Mitarbeiter mit ihrem Chef im Seminar sitzen und es schon vorher Probleme miteinander gab.
- Die Schwierigkeiten entstehen im Seminar: Zwischen Teilnehmern entwickelt sich eine Antipathie. Ursachen können Meinungsverschiedenheiten sein, Vorurteile, unterschiedliche Ansichten und Bedürfnisse.
- Die Teilnehmer sind schon längere Zeit im Seminar zusammen: Das Konfliktpotenzial hat sich schon aufgebaut, bevor Sie die Seminarleitung übernehmen.

AUSWIRKUNGEN

Abwehrmaßnahmen

Die Auswirkungen können Sie im Seminar dann hautnah erleben: Die Teilnehmer greifen sich gegenseitig an, es kommt zu Streitereien. Herabsetzungen, persönliche Angriffe und Beleidigungen sollten Sie sofort unterbinden, das passt nicht zum Stil Ihres Unterrichts. Was können Sie tun?

Stopp-Signal setzen

Sie greifen sofort ein und machen unmissverständlich deutlich, dass Sie solch einen Umgangsstil nicht dulden.

> *Das geht so nicht. Ich möchte Sie bitten, sachlich zu bleiben. Jeder hat ein Recht auf seine Meinung.*

Geben Sie dem Angegriffenen kurz Gelegenheit zu antworten, falls Ihnen das der Situation angemessen erscheint. Achten Sie dabei darauf, dass Sie Blickkontakt aufnehmen und langsam sprechen.

Benennen Sie das unangemessene Verhalten und führen Sie eine Regel ein.   **Regel setzen**

> *Solche persönlichen Streitereien bringen uns hier nicht weiter. Ich schlage vor, dass wir als Regel einführen, dass nur sachliche Beiträge erlaubt sind, keine persönlichen Äußerungen über andere Teilnehmer.*

Vergewissern Sie sich, dass die Seminargruppe hinter Ihnen steht.

Bisweilen kann es besser sein, einen Disput nicht vor der Gruppe und nicht in einer emotionalisierten Situation auszutragen, sondern in der Pause oder an einer anderen Stelle im Unterricht.   **Vertagen**

> **BEISPIEL**
>
> *Ihre Frage geht schon sehr weit. Wenn Sie nichts dagegen haben, greife ich sie gleich bei der Diskussion auf.*
>
> *Wir können das jetzt hier nicht klären. Ich schlage vor, dass wir uns gleich in der Pause zu dritt zusammensetzen und ...*

Bei Streitigkeiten, etwa zwischen zwei Teilnehmern, geht es zumeist nicht mehr um die Sache, sondern nur noch darum, wer recht hat. Gehen Sie dann so vor:

Streit schlichten

- *Wortgefecht stoppen:* Auch bei Streitigkeiten können Sie intervenieren und klarstellen, dass Sie solche Auseinandersetzungen in Ihrer Schulung nicht zulassen werden.
- *Auf Pause verweisen:* Nehmen Sie den Streithähnen das Publikum. Machen Sie möglichst schnell eine Pause und führen Sie ein Gespräch unter sechs Augen.
- *Zum Thema machen:* Manchmal kann man solche Streitereien zum Thema machen, etwa wenn die Zusammenarbeit ohnehin Thema der Schulung ist. Dies erfordert von Ihnen allerdings Erfahrungen als Mediator.

9. SCHWIERIGKEITEN IN DER LERNGRUPPE

> In Ihrem Seminar sitzt eine Gruppe von Nachwuchsführungskräften, die möglichst schnell alte Strukturen aufbrechen und viel bewegen wollen, und eine Gruppe erfahrener und älterer Teilnehmer, die lieber das Bewährte erhalten wollen und neue Entwicklungen eher mit Skepsis betrachten. Beide Gruppen bleiben unter sich und reden vor allem übereinander, mittlerweile haben sich auch zwei Rädelsführer herausgebildet, die gerne für ihre Gruppe sprechen und viel Wohlwollen ernten – allerdings natürlich nur in ihrer Gruppe.

Lerngruppen müssen sich erst zusammenraufen. Dieser Prozess findet in jedem Seminar statt, manchmal geht es schnell, manchmal dauert es lange, manchmal gelingt dies gut, manchmal findet die Gruppe einfach nicht zusammen. Dieser Prozess ist in jedem Fall ein unerschöpfliche Quelle für Schwierigkeiten. Der Fachausdruck für diese Gruppenprozesse heißt *Gruppendynamik*. Dieses Zusammenraufen geschieht in fünf Phasen. Diese fünf Phasen kommen mehr oder weniger ausgeprägt, mehr oder weniger gut sichtbar in jedem Seminar vor. Nur bei kurzen Schulungen fehlt meist die Zeit für die Auseinandersetzungen im positiven Sinne und das Interesse der Teilnehmer daran.

Gruppendynamische Prozesse beachten

EINE GRUPPE WÄCHST ZUSAMMEN

Stufe 1: Schaffung eines Sicherheitsgefühls
Zu Beginn eines Seminars sind die Teilnehmer mehr oder weniger unsicher. Die normale Reaktion ist, sich erst einmal zurückzuhalten, abzuwarten und mit Äußerungen vorsichtig zu sein. Viele Teilnehmer verhalten sich deshalb eher passiv, allerdings gibt es im Seminar meist auch einige, die gewohnt sind, die Sache in die Hand zu nehmen – typische Verhaltensweisen, die auf die neue Situation übertragen werden. Erster Orientierungspunkt ist aber der Trainer, von ihm erwarten die Teilnehmer klare Vorgaben.

Stufe 2: Aufbau einer gegenseitigen Vertrauensbasis
Je besser sich die Teilnehmer kennenlernen, desto mehr trauen sie sich, sich zu öffnen. Nicht immer geht dies reibungslos vonstatten. Denn wer sich aus seiner abwartenden und distanzierten Rolle löst, verliert auch an Sicherheit.

Stufe 3: Harmoniestreben
Die Gruppe gibt eine gewisse Sicherheit, die Teilnehmer öffnen sich und beteiligen sich an Gesprächen. Allerdings steht dabei eine Tendenz im Mittelpunkt: sich gegenseitig zu bestätigen, dass man einer Meinung ist. Diese Übereinstimmung existiert erst einmal auf der Ebene der Äußerungen. Oft sieht es im Inneren der Teilnehmer ganz anders aus. Aber der Wunsch, eine arbeitsfähige Gruppe zu sein, und die Erleichterung, miteinander zu harmonieren, verdeckt unterschiedliche Meinungen und Standpunkte.

Stufe 4: Strukturierung der Gruppe
Erst in dieser vierten Stufe kommen unterschiedliche Ansätze, Ansichten und Ideen zum Vorschein. Der Grund: Langsam kristallisieren sich die Rollen innerhalb der Gruppe heraus. Da gilt es, sich mit seinen Argumenten oder Gegenargumenten zu profilieren. Diese Phase ist besonders konfliktträchtig, vor allem, wenn mehrere Teilnehmer sich in den Vordergrund stellen und auf die Gruppe Einfluss nehmen wollen. Schnell kann es hierbei zu

Rivalitäten einzelner Teilnehmer oder zur Bildung von Untergruppen kommen. Hinzu kommt: Auch andere Rollen gewinnen an Gestalt: der Außenseiter, der Gruppenclown, der Mitläufer und so weiter.

Stufe 5: Produktive Arbeit
Die Rollen sind festgelegt, die entscheidenden Rollenkämpfe und -konflikte ausgetragen. Nun kann die Gruppe sich ganz ihrer eigentlichen Aufgabe widmen und gemeinsam produktiv an Lösungen arbeiten, die tatsächlich das Arbeitsergebnis der Gesamtgruppe sind. Am Ende steht eine Seminargruppe, die sich selbst *Spielregeln* gesetzt, die *Normen* entwickelt und *Rollen* verteilt hat. Eine gelungene Gruppendynamik sollte sowohl zu einem positiven Gruppenklima auf der *Beziehungsebene* (WIR-Gefühl) als auch zur Ergebnisorientierung auf der *Sachebene* führen.

URSACHEN

Verläuft dieser gruppendynamische Prozess nicht reibungslos, kann es zu Beeinträchtigungen in der Arbeitsfähigkeit kommen.

SCHWIERIGKEITEN BEIM ZUSAMMENRAUFEN

Probleme können in jeder Phase auftreten – ich möchte die Phasen 1 bis 4 in den Mittelpunkt stellen. Bei *Stufe 1: Schaffung eines Sicherheitsgefühls*, gilt: Es gibt »Seminarexperten«, es gibt Teilnehmer, die Sie schon kennen, es gibt aber auch Teilnehmer, die vielleicht seit Langem wieder einmal eine Schulung besuchen. Die meisten Teilnehmer wissen aber nicht, was auf sie zukommt, was von ihnen erwartet wird, wie gut sie mit den anderen Teilnehmern zurechtkommen. Wie bei jedem Kontakt mit anderen

Störungen im Gruppenprozess

(unbekannten) Menschen und wie in allen unbekannten Situationen entsteht ein Gefühl der Unsicherheit.

**Stufe 1:
Sicherheit geben**

Hinzukommen können Befürchtungen, mit den anderen nicht mithalten zu können und sich zu blamieren. Es ist wichtig, dass die Teilnehmer dieses Gefühl schnell überwinden, damit sie diese Unsicherheit abbauen und sich öffnen. Dies ist Ihre Aufgabe.

TIPP

1. **Sorgen Sie gleich zu Beginn für einen freundlichen Empfang und eine entspannte Atmosphäre.**
   Ich freue mich auf drei Tage gemeinsames Arbeiten ... und sicherlich werden wir auch etwas Spaß dabei haben.

2. **Beziehen Sie die Teilnehmer früh ein, überfordern Sie sie dabei aber nicht.**
   So, jetzt wissen Sie schon das eine oder andere von mir. Ich würde gerne auch einige wenige Angaben von Ihnen erfahren. Warum ...

3. **Geben Sie den Teilnehmern eine gute Orientierung.**
   Das Seminar besteht aus drei Teilen. Heute werden wir uns vor allem ...

4. **Visualisieren Sie alle wichtigen Punkte, hängen Sie die Merkposten an die Wand, geben Sie Hinweise, wie die Teilnehmer mit dem Skript arbeiten sollen.**
   Sie brauchen nicht unbedingt mitzuschreiben. Alles Wichtige finden Sie im Skript. Außerdem werde ich eine Fotodokumentation aller unserer Ergebnisse anfertigen.

5. **Nehmen Sie den Teilnehmern ihre Sorgen, wenn notwendig.**
   Vielleicht wissen Sie noch nicht so recht, ob ... Da kann ich Sie beruhigen. Ich verspreche Ihnen, spätestens heute Abend ...

6. **Vereinbaren Sie mit ihnen Regeln.**
   Bitte fragen Sie, wenn Sie etwas nicht verstehen. Denken Sie daran, es gibt keine dummen Fragen. Helfen Sie mir ...

Auf *Stufe 2: Aufbau einer gegenseitigen Vertrauensbasis*, kann es zu folgender Schwierigkeit kommen: Damit die Teilnehmer sich besser kennenlernen können, müssen sie über ihre Fragen und Probleme reden und ihre Erfahrungen austauschen können. Dies kann im Plenum geschehen, vielfach bietet sich hier aber eine Gruppenarbeit an.

Probleme auf Stufe 2

In dieser Phase kommt es aber auch zu Auseinandersetzungen. Unterschiedliche Meinungen und Positionen kommen zum Vorschein, es kann auch schon mal zu der einen oder anderen Auseinandersetzung zwischen Teilnehmern kommen.

Wenn sich Teilnehmer nicht leiden können, miteinander rivalisieren oder sonstige Probleme miteinander haben und dadurch die Gruppenarbeit negativ beeinflusst werden könnte, sollten Sie sie (vorübergehend) in verschiedenen Gruppen arbeiten lassen.

Weitere Schwierigkeiten können in verschiedener Hinsicht auftauchen:

Vertrauensaufbau wird behindert

1. Die Teilnehmer haben kein Interesse die anderen Teilnehmer kennenzulernen, weil sie Vorurteile haben, weil sie ohnehin nichts von der Schulung halten.
2. Die Teilnehmer haben keine Gelegenheit sich kennenzulernen, weil Sie keinen Wert darauf legen und sie als Zuhörer betrachten, nicht als *Teil*nehmer.
3. Einzelne Teilnehmer begeben sich von vorneherein in Opposition, verweigern die Mitarbeit, zeigen demonstrativ ihr Desinteresse an den anderen Teilnehmern.
4. Das Vertrauensverhältnis ist deshalb gestört, weil Teilnehmer befürchten, dass Informationen aus dem Seminar nach draußen dringen oder die Zusammensetzung der Seminargruppe einen offenen Austausch nicht zulässt.

5. Auseinandersetzungen zwischen Teilnehmern ziehen sich hin, an einer Einigung scheinen sie wenig Interesse zu haben.

> **TIPP**
>
> 1. Fördern Sie das Kennenlernen. Nutzen Sie dazu die Vorstellungsrunde, versuchen Sie früh einen Erfahrungsaustausch in Ihren Unterricht einzubauen.
> 2. Lassen Sie die Teilnehmer viel zusammenarbeiten.
> 3. Achten Sie dabei auf klare Arbeitsaufträge und feste Regeln, damit Missverständnisse erst gar nicht auftauchen.
> 4. Stellen Sie als Regel auf, dass alle Informationen vertraulich sind und den Raum nicht verlassen dürfen.
> 5. Achten Sie darauf, dass es bei Auseinandersetzungen möglichst keine Gewinner und Verlierer gibt.

Stufe 3: Gestörte Harmonie

Kommen wir zur *Stufe 3: Harmoniestreben*. Diese Phase läuft meist ohne Probleme ab. Lediglich eine Gefahr kann entstehen: Falls ein Teilnehmer sich nicht daran beteiligt, kann er zum Außenseiter abgestempelt werden. Es kommt auch vor, dass solche Außenseiter mit dem Arbeitsstil und den Ergebnissen nicht einverstanden sind, ihre Stimme aber nicht gehört wird. Frustration und heimliche Verärgerung können die Folge sein, was vielleicht wieder das Verhalten des Außenseiters beeinflusst und schließlich dazu führt, dass die anderen Teilnehmer ihn noch mehr ablehnen. Solidarisieren sich dann andere Teilnehmer mit ihm, kann es zur Grüppchenbildung kommen. Dazu kommt, dass sich Gruppen gerne von anderen abgrenzen, um das Zusammengehörigkeitsgefühl in der Gruppe zu stärken.

> **TIPP**
>
> 1. Mischen Sie die Gruppen. Achten Sie darauf, dass nicht immer die selben Pärchen, die selben Teilnehmer in Gruppen zusammenarbeiten.
> 2. Bleiben Sie neutral. Besteht die Gefahr, dass sich ein Teilnehmer zum Außenseiter entwickelt, holen Sie ihn wieder in die Gruppe hinein.
> 3. Wenn die Gruppe zu harmoniesüchtig wird oder in dieser Stufe verharrt, bauen Sie ruhig mal eine Gegenposition zur landläufigen Meinung auf. Durch etwas Provokation können Sie unterschiedliche Meinungen hervorlocken.

Auch die *Stufe 4: Strukturierung der Gruppe*, ist konfliktträchtig. Solche Konflikte können latent vorhanden sein oder offen ausgetragen werden. Meist geht es dabei um die Verteilung von Rollen, um Machtkämpfe, um die Vorherrschaft und den Einfluss von Einzelpersonen und Teilgruppen.

Konflikte auf Stufe 4

ROLLENPROBLEME

Manche Rollen sind für die Arbeit im Seminar und für das Gruppenklima günstig. Sie nützen hauptsächlich der Arbeit, etwa die des aktiven Teilnehmers, andere hauptsächlich dem Klima, etwa die des Gruppenclowns. Es gibt aber auch Rollen, die weder für die eine noch die andere Seite der Arbeit in der Gruppe nützlich sind, etwa die Rolle des Mitläufers. Wie die *Gruppenstruktur* tatsächlich aussieht, kann man durch Beobachtung im Seminar ermitteln.

ANALYSE DER GRUPPENSTRUKTUR

- Wer sagt was im Unterricht?
- Wer bringt die meisten Beiträge?
- Wer stimmt wem zu?
- Auf welche Meinung hören andere Teilnehmer?
- Wer beteiligt sich nicht?
- Wer äußert sich zum organisatorischen Vorgehen?
- Wer macht welche Vorschläge?
- Wie werden die Vorschläge von den anderen aufgenommen?
- Wer kritisiert was?
- Wer versucht die Stimmung aufzulockern?

Problematische Rollen

Es gibt einige Rollen in der Gruppe, die potenziell zu Schwierigkeiten führen können – wogegen sich aber etwas tun lässt:

Gruppenclown, Gegenführer und Mitläufer

- *Gruppenclown,* der die Arbeit nicht stören sollte: Ihm sollten Sie Aufgaben anvertrauen, bei denen er sein Können zeigen kann. Damit erreichen Sie Anerkennung über Leistung. Diese Leistungen müssen Sie dann allerdings auch herausstellen.
- *Gegenführer,* der Unruhe in die Gruppe tragen und sie in verschiedene Lager spalten könnte: Gegenführer sollten Sie im positiven Sinne einbeziehen, also nicht beschäftigen, sondern Verantwortung übertragen.
- *Mitläufer,* die es zu motivieren und aktivieren gilt. Sie zu aktiven und engagierten Teilnehmern zu machen, gelingt am besten über eine gute Motivation, Lob, Anerkennung, Beteiligung an Entscheidungen, Übertragen von Verantwortung, eine gute Information und Kommunikation.

AUSWIRKUNGEN

Gruppendynamische Prozesse können zur Abgrenzung einer Gruppe von Teilnehmern gegenüber anderen Teilnehmern führen oder zu Ausgrenzungen einzelner Teilnehmer durch die Gruppe.

REIBEREIEN

Im Seminar haben sich zwei Gruppen herauskristallisiert, die sich gegeneinander abgrenzen, die Beiträge der »Anderen« gerne ignorieren, eine Gegenposition aufbauen oder die Beiträge auch schon mal ins Lächerliche ziehen. Oder jemand hat sich zum Außenseiter entwickelt und wird vom Rest der Gruppe gemieden.

> Sie beginnen ein neues Seminar und haben anscheinend eine nette Gruppe »erwischt«. Um das Kennenlernen und damit das Gruppenklima zu fördern, beschließen Sie – statt der gewohnten Vorstellungsrunde –, diesmal ein Partnerinterview durchzuführen. Eine Teilnehmerin meldet sich und äußert, dass sie nichts von dieser Vorstellungsform hält und dazu nicht bereit ist. Sie fragen die anderen Teilnehmer. Sie haben nichts dagegen. Ein Teilnehmer erzählt sogar kurz von seinen positiven Erfahrungen mit dieser Form der Vorstellung. Sie fragen, ob sich die Teilnehmerin selber vorstellen möchte ...
>
> Im Laufe der nächsten Stunden kommt es wiederholt zu Meinungsverschiedenheiten zwischen dieser Teilnehmerin und anderen Teilnehmern aus der Gruppe. Die meisten Teilnehmer meiden fortan Gespräche mit ihr. Keiner möchte sie gerne in seiner Gruppe haben.

Reibereien sind erste Anzeichen, dass Gruppenprozesse zu Polarisierungen führen. Solidarisierungen mit dem Wortführer zeigen, dass es sich um Gruppenprozesse handelt. Versuchen Sie

Polarisierungen begegnen

solchen Tendenzen früh zu begegnen. Vermeiden Sie, dass sich einzelne Gruppen abschließen, die überwiegende Zeit miteinander verbringen. Sorgen Sie stattdessen für eine gute Durchmischung der Gruppen bei Arbeitsphasen. Gibt es verbale Auseinandersetzungen im Plenum, schreiten Sie unmittelbar ein und führen die Diskussion wieder auf eine sachliche Basis zurück.

Achten Sie darauf, dass Sie bei Meinungsverschiedenheiten neutral bleiben. Die Teilnehmer dürfen nicht den Eindruck haben, dass Sie mit einer der Parteien sympathisieren.

MACHTKÄMPFE UND AUSGRENZUNG

Reibereien können sich zu *Machtkämpfen* auswachsen. Beteiligt sind dann meist die Rädelsführer, um die sich die anderen scharen. Sie wollen ihre Position stärken und verunglimpfen deshalb bewusst den Führer der anderen Partei.

Machtkämpfe schlichten

Deshalb sollten Sie bei Streitereien zwischen zwei Teilnehmern überprüfen, ob es kein »Stellvertreterkrieg« ist, in dem sie sich im Namen ihrer Anhänger positionieren. Machtkämpfe können auch zwischen Stellvertretern der Seminargruppe und einem Außenseiter vorkommen, der es vielleicht geschafft hat, einige andere Teilnehmer um sich zu scharren. Auch hier sollten Sie mit Durchmischung der Gruppe, Rückführung auf die Sachebene und dem Methoden-Mix arbeiten. Überlegen Sie zusätzlich, ob Sie die Machtkämpfe nicht zum Thema machen, etwa in der Pause oder im Plenum.

Gegenüber einzelnen Personen kann es im Extremfall zu einem Verhalten kommen, dass man mit Recht als *Ausgrenzung* bezeichnen kann.

> **BEISPIEL**
>
> Im Verhältnis der »Außenseiterin« zur Gruppe (im Beispiel oben) ändert sich nichts. Im Gegenteil: Sie beobachten, dass die Gruppe sich in Pausengesprächen auf die Teilnehmerin »einschießt« und abfällig über sie redet.

Eine Ausgrenzung erfolgt meistens dann, wenn sich jemand dazu anbietet. Das hat mit der Persönlichkeit des Teilnehmers, vor allem aber mit seinem Verhalten zu tun. Wer sich nicht integrieren will, wer sich wiederholt gegen die Gruppe stellt, dem wird schnell die Rolle eines Außenseiters zuerkannt. Auf der anderen Seite stellt sich natürlich die Frage, warum die Gruppe darauf aus ist, einen Außenseiter zu produzieren und sich von ihm abzugrenzen. Das hat damit zu tun, dass das Gefühl, als Gruppe zusammenzustehen, unterstützt wird.
Ausgrenzungen

In jeder Gruppe gibt es Personen, die das Verhalten der Gruppe stark beeinflussen, und Personen, die man als Mitläufer bezeichnen kann. Zu beobachten ist, dass Personen, die eher am Rande einer Gruppe stehen, darauf erpicht sind, andere auszugrenzen, um sich als Mitglied der Gruppe zu profilieren.

Um Ausgrenzung entgegenzuwirken, sollten Sie einerseits darauf achten, dass Sie selbst ein anerkanntes Mitglied der Gruppe sind und bleiben. Dann können Sie das Verhalten der Gruppe (mit-)steuern. Dies ist einfach, wenn Sie einen Kurs während der gesamten Dauer betreuen und sich Zeit für Ihre Teilnehmer nehmen. Dies kann schwieriger werden, wenn Sie in einem bestehenden Kurs ein »Gastspiel« geben.
Ausgrenzungen entgegenwirken

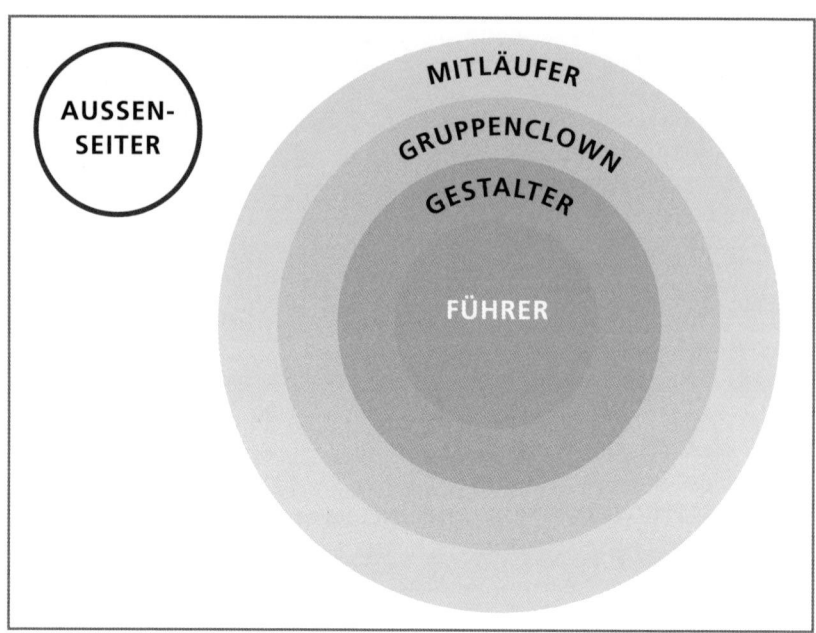

In wechselnder Zusammensetzung arbeiten

Ausgrenzungen können Sie vermeiden, wenn Sie dafür sorgen, dass die Teilnehmer in wechselnder Zusammensetzung viel gemeinsam arbeiten und Verantwortung für den Erfolg der Schulung mit übernehmen. Sie können zudem dem potenziellen Außenseiter Gelegenheit geben, seine Stärken im Unterricht zu zeigen. Schließlich können Sie das Gespräch mit ihm suchen, wenn sein Verhalten auch Sie irritiert, und versuchen, seine Beweggründe zu ermitteln.

> **Auf keinen Fall sollten Sie Bestrebungen unterstützen, die der Ausgrenzung dienen. Beziehen Sie in Gesprächen bewusst eine Gegenposition.**

10. SCHWIERIGKEITEN MIT DER LERNGRUPPE

> **BEISPIEL**
>
> Sie haben mit den Teilnehmern viel vor, wollen ihnen viel beibringen, ihnen die Gelegenheit geben, intensiv ihr Verhalten zu reflektieren. Deshalb haben Sie sowohl Videoaufnahmen als auch ein individuelles Feedback in den Abendstunden vorgesehen.
> Die Teilnehmer wollen aber mehrheitlich etwas anderes: sich einen schönen Tag machen, nicht zu lange arbeiten und lieber die Freizeiteinrichtungen des Hotels ausgiebig nutzen. Dies kommt gleich zum Ausdruck, als Sie zu Beginn den Teilnehmern Ihren Wochenplan vorstellen.

Schwierigkeiten zwischen Ihnen und der Lerngruppe können auch etwas mit der Gruppendynamik zu tun haben, etwa wenn die Lerngruppe schon längere Zeit existiert, Sie als Trainer aber neu hinzukommen und nicht den richtigen Zugang zur Gruppe finden. Meistens haben diese Schwierigkeiten aber etwas mit Ihrem Themenangebot und Ihrer Art des Unterrichtens zu tun, genauer gesagt: mit den Erwartungen, die die Teilnehmer an Sie haben und die Sie an die Teilnehmergruppe stellen.

Ein besonders krasser Fall: Sie verstehen sich als Vermittler des Stoffes, die Teilnehmer kümmern Sie eigentlich wenig, Hauptsache, Sie können Ihre 288 Folien in PowerPoint zeigen. Dann trifft der Titel dieses Buches wahrscheinlich tatsächlich zu. Die Erwartungshaltung der Teilnehmer kann aber auch in vielen anderen Punkten von Ihren Vorstellungen abweichen.

Trainerverhalten ist entscheidend

URSACHEN

Ursachen sind vor allem fehlende Motivation, unterschiedliche Erwartungen und Zielkonflikte.

MANGELNDE MOTIVATION

Wieder einmal kommt hier das Thema Motivation ins Spiel, aber nicht bei einzelnen Teilnehmern, sondern in Bezug auf die ganze Seminargruppe. Damit kommt diese Form der Demotivation vor allem bei internen Schulungen vor.

> **BEISPIEL**
> Verkäufer werden von ihrem Chef in ein Seminar beordert, um besser verkaufen zu lernen. Keiner der Teilnehmer sieht ein, warum sie sich mit einem solchen, selbstverständlichen Thema zwei Tage lang beschäftigen sollen, schließlich haben sie das gelernt und tun den ganzen Tag nichts anderes.

Demotivierte Lerngruppe

Gründe können sein:

- Teilnehmer müssen an einer Schulung teilnehmen, ohne dass sie den Grund sehen.
- Teilnehmer sollen an einer Schulung teilnehmen, von der sie wissen, dass sie nichts nützt, weil die Probleme woanders liegen, etwa in der Persönlichkeit ihres Vorgesetzten.
- Teilnehmer, die eine Prüfung vor sich haben, erfahren, dass der Lernstoff für die Prüfung nicht relevant ist.

Motivierender Einstieg ins Thema

Versuchen Sie den Teilnehmern die Bedeutung des Themas deutlich zu machen. Wichtig ist dabei besonders der Einstieg. Weitere Möglichkeiten, die Motivation zu stützen, sind Ihr Verhalten und Ihr Bestreben, ein gutes Lernklima zu schaffen.

UNTERSCHIEDLICHE ERWARTUNGEN UND ZIELE

Falsche Erwartungen können aus unterschiedlichen Gründen resultieren:

- Die Teilnehmer haben zu wenig Vorinformationen und machen sich deshalb falsche Vorstellungen. Deshalb: Sorgen Sie dafür, dass die Teilnehmer möglichst gut vorab informiert sind.
- Die Teilnehmer haben übersteigerte Vorstellungen, etwa dass die Schulung alle ihre Probleme löst. Sagen Sie ihnen, was Sie leisten können und was nicht.
- Die Teilnehmer möchten eine andere Form des Unterrichts. Gehen Sie darauf ein, soweit dies didaktisch sinnvoll ist und die Lernausbeute nicht schmälert. Ansonsten begründen Sie, warum Sie in der gewählten Weise vorgehen.

Die Ziele der Teilnehmer können sehr unterschiedlich sein. Im Extremfall sitzt jemand in Ihrem Seminar, der unbedingt eine Lösung für brennende Probleme braucht, und ein anderer, der keinerlei Interesse am Thema hat. Den abschätzigen Begriff *Seminartourist* kennen Sie sicher. Manche Teilnehmer kommen nicht primär wegen der Schulungsthemen ins Seminar, sondern weil sie sich einmal eine Auszeit nehmen wollen. Wie legitim das ist und ob nicht manche Bildungsanbieter dies noch fördern, mag dahingestellt sein. Wenn sich die Einstellung in einem konkreten Verhalten niederschlägt, Diskussionen beginnen, ob nicht früher Schluss gemacht werden kann und eine Übung nicht wegfallen kann, kann die Motivation der anderen Teilnehmer in Mitleidenschaft gezogen werden.

Erwartungen und Ziele ausbalancieren

AUSWIRKUNGEN

Auswirkungen sind vor allem negative Gefühle und ein Verhalten, das aus diesem Umstand resultiert.

NEGATIVE EINSTELLUNG

> **BEISPIEL**
>
> Gleich in der Vorstellungsrunde stellt sich heraus, dass die Teilnehmer ins Seminar geschickt wurden und das Interesse am Thema gering ist.

Negative Energie braucht ein Ventil. Sprechen Sie mit den Teilnehmern über ihre Gründe, das Seminar zu besuchen – und ruhig auch über die Gründe, dem Seminar fernzubleiben. Akzeptieren Sie dabei, wenn Teilnehmer zu Beginn unmotiviert sind. Dann können Sie die Situation in folgender Weise aufgreifen:

Negative Einstellung »umdrehen«

- Bitten Sie die Teilnehmer um Geduld: *In zwei Stunden würde ich gerne mit Ihnen noch einmal das Thema ansprechen – bis dahin will ich Sie aber überzeugt haben, dass das Thema für Sie wichtig ist.*
- Beziehen Sie die Interessen der Teilnehmer ein: *Es gibt sicherlich Aspekte bei den Themen, die Sie in Ihrem Beruf gut gebrauchen können. Hier würde ich gerne Schwerpunkte setzen. Welche sind das?*
- Fangen Sie mit einem spannenden Einstieg an und lassen Sie die Teilnehmer vergessen, dass sie eigentlich gar kein richtiges Interesse am Thema haben.
- Stellen Sie die Probleme der Teilnehmer in den Mittelpunkt. Wenn Sie über Lösungsmöglichkeiten sprechen,

können Sie Ihre vorbereiteten Wissensbausteine einflechten.

PASSIVITÄT

Sie versuchen die Teilnehmer zu motivieren und zu aktivieren. Die Reaktionen sind verhalten. Kaum ein Teilnehmer beteiligt sich am Gespräch, Sie haben den Eindruck, Sie reden in Watte hinein.

Ein attraktiver Unterricht lebt von Interaktion, ansonsten wird man zum Alleinunterhalter. Versuchen Sie als Erstes zu ermitteln, warum die Teilnehmer passiv und uninteressiert sind. Prüfen Sie auch, ob nicht eine besondere Situation vorliegt. Wenn zum Beispiel eine Teilnehmerin ihren Kopf auf die Hände stützt und ihr wiederholt die Augen zufallen und auch andere Teilnehmer müde wirken, kann es immerhin sein, dass die Teilnehmer am Abend vorher zu lange gefeiert haben. Ansonsten gibt es drei weitere Situationen, die Sie bedenken sollten:

»Königsweg« Attraktiver Unterricht

- *Die Teilnehmer haben von Anfang an wenig Interesse und sich sehr zurückhaltend gezeigt:* Hier dürfte der Grund in fehlendem Interesse am Thema und an mangelnder Motivation, an der Schulung teilzunehmen, liegen. Dies können Sie spätestens in der Vorstellungsrunde feststellen, wenn Sie danach fragen. Gut geeignet ist eine Frage nach den Gründen der Teilnahme oder dem Interesse an dem Thema. Wenn die Antworten wenig aussagekräftig oder ausweichend sind oder bereits Negatives anklingt, können Sie mit Motivationsdefiziten rechnen.

Passivität bekämpfen

- *Die Teilnehmer haben erst nach und nach das Interesse verloren:* Der Grund dürfte entweder in nicht erfüllten Erwartungen oder in einem unattraktiven Unterricht liegen oder in Problemen, die sich in der Lerngruppe entwickelt haben. Um das zu ermitteln, hilft wieder nur eines: nachfragen.

- *Teilnehmer haben bisher gut mitgearbeitet und sind ab einem bestimmten Zeitpunkt nicht mehr ansprechbar:* Dann ist zu vermuten, dass ein bestimmter Anlass oder ein bestimmter Vorfall zu dem Verhalten geführt hat. Überlegen Sie, ab wann die Teilnehmer sich zurückgezogen haben und was vorher passiert ist. Wobei Sie auch Ihren Blick darauf richten sollten, ob es eine Vorgeschichte gibt. Vielleicht haben sich Teilnehmer bereits seit Tagen über Ihre Art und über Ihren Unterricht geärgert – und dies zeigt sich in einer bestimmten Situation.

UNZUFRIEDENHEIT

> **BEISPIEL**
>
> Ein Teilnehmer beschwert sich bei Ihnen: *Ich verstehe nicht, warum wir das jetzt noch weiter vertiefen sollen. Sagen Sie uns doch lieber, was wir tun können, damit unsre Chefs endlich mal ihre Hausaufgaben machen.* Andere Teilnehmer stimmen ihm zu.

Unzufriedenheit hat viele Väter:

- Teilnehmer sehen ihre Erwartungen nicht erfüllt.
- Teilnehmer erwarten konkrete Lösungen für ihre Probleme.
- Teilnehmer fühlen sich zu wenig angesprochen, ihren Lernstil zu wenig berücksichtigt.

- Teilnehmer sind mit der Art des Unterrichts nicht einverstanden.
- Teilnehmer sind unterschwellig aggressiv und suchen eine Gelegenheit, dies kundzutun.

Achten Sie deshalb auf einen stetigen Abgleich Ihres Angebotes an Themen und Methoden der Vermittlung auf der einen Seite und den Wünschen der Teilnehmer auf der anderen. Halten Sie die Balance zwischen systematischer Stoffvermittlung und Eingehen auf die Teilnehmer. Und bedenken Sie: Unzufriedenheit kann auch gepaart sein mit mangelnder Motivation.

Permanenter Erwartungsabgleich

> *Sie haben für den Nachmittag eine längere Gruppenarbeit vorgesehen. Sie erläutern den Teilnehmern das Ziel und den Ablauf. Doch die Teilnehmer möchten lieber den Stoff als Vortrag vermittelt bekommen und dafür dann früher Schluss machen.*

Um Unzufriedenheit vorzubeugen, ist es wichtig, dass die Teilnehmer verstehen, warum Sie Ihren Unterricht so durchführen, wie Sie ihn durchführen. Geben Sie stichhaltige Begründungen ab, machen Sie dabei den Nutzen für die Teilnehmer deutlich. Sagen Sie etwa:

Seminarnutzen verdeutlichen

> *Sie haben jetzt Gelegenheit, dieses Mustervorgehen an einem Fallbeispiel auszuprobieren. Der Fall stammt aus Ihrer Praxis. Sie werden schnell sehen, wie Sie sich mit solch einem strukturierten Vorgehen die Arbeit erleichtern können.*

ZUSPÄTKOMMEN

Beim Zuspätkommen gibt es zwei Situationen: Einzelne Teilnehmer kommen zu spät oder die gesamte Gruppe nimmt pünktliches Erscheinen nicht so ernst. Auch hier sind erst einmal Sie gefragt:

Reaktionen bei Zuspätkommern

- Geben Sie die genaue Zeit an, wann die Pause zu Ende ist: *Wir treffen uns um 10:20 Uhr wieder* ist besser als *Wir treffen uns in zehn Minuten wieder.*
- Seien Sie selbst pünktlich. Sie können nicht von Ihren Teilnehmern Pünktlichkeit erwarten, wenn Sie selbst sich nicht daran halten.
- Fangen Sie immer pünktlich an, sonst bestrafen Sie die Teilnehmer, die rechtzeitig gekommen sind. Fehlen mehrere Teilnehmer, können Sie vielleicht erst einmal mit einigen einleitenden Worten beginnen. Dann sollten Sie aber mit Ihrem geplanten Unterricht weitermachen.
- Schließen Sie in jedem Fall die Türe.
- Wiederholen Sie nicht, was Sie bereits besprochen haben, wenn die Nachzügler eintreffen. Denn erstens ist auch das im Grunde genommen eine Störung, zweitens werten Sie damit die Nachzügler auf, drittens wissen Sie nicht, wer dann noch alles kommt. Oder wollen Sie dann eine zweite oder dritte Wiederholung einbauen?
- Halten Sie wichtige Ergebnisse auf einem Medium fest. Dann haben auch die Nachzügler eine Orientierungshilfe.

TIPP

- Sorgen Sie dafür, dass Störungen durch Zuspätkommer reduziert werden.
- Mit Ausnahme zum Beginn des Seminars begrüßen Sie die Nachzügler nur mit einem Kopfnicken oder wenigen Worten.
- Schaffen Sie Anreize für pünktliches Erscheinen.
- Danken Sie Teilnehmern für ihr rechtzeitiges Erscheinen.
- Vielleicht finden Sie einen Einstieg, der die Teilnehmer gleich in eine interessante Diskussion zieht.
- Kommen einzelne Teilnehmer wiederholt zu spät, können Sie sie irritieren, indem Sie etwa gleich zu Beginn eine Übung ansetzen und dann die Gruppen bilden.
- Erzeugen Sie Spannung, nutzen Sie die Technik, die auch in Fortsetzungsromanen eingesetzt wird. Kündigen Sie vor der Pause eine wichtige Information an, die die Teilnehmer gleich nach der Pause erhalten werden: Es gibt nur zwei wichtige Prinzipien, um mit Nachzüglern richtig umzugehen, die verrate ich Ihnen gleich nach der Pause.

Kommen nicht nur einzelne Teilnehmer zu spät, sondern trödelt die ganze Gruppe und werden Pausen regelmäßig überzogen, ist dies ein Anzeichen von fehlender Motivation, welche Gründe sie auch immer haben mag. Sprechen Sie das Verhalten auf Sachebene an und machen Sie den Teilnehmern den Vorschlag, den Beginn der Schulung um eine halbe Stunde nach hinten zu verlegen und die Pause zu verlängern, mit der Konsequenz, dass dann das Seminar entsprechend länger dauert.

Verhalten sachlich ansprechen

DIE GRUPPE »LÖST SICH AUF«

BEISPIEL

Das Ende der Schulung ist laut Programm auf Freitag, 17 Uhr, angesetzt. Am Vorabend sprechen Sie die Teilnehmer an, ob Sie mit dem Unterricht nicht eine halbe Stunde früher beginnen und die Mittagspause auf 20 Minuten kürzen können, sodass sie vielleicht schon um 15 Uhr gehen könnten. Ein Teilnehmer möchte dann aber möglichst schon um 14.40 Uhr gehen, dann braucht er nicht 40 Minuten auf seinen Anschlusszug zu warten.

Diese Situation kennen Sie sicher. Das Knifflige daran: Einerseits wollen Sie nett zu den Teilnehmern sein, andererseits sind die Arbeitszeiten Ihnen vorgegeben, die Sie ja auch bezahlt bekommen. Und Sie haben die Zeit ja auch für die Stoffvermittlung eingeplant.

Gruppenerosion aufhalten

Kommen Sie den Teilnehmern möglichst entgegen, aber setzen Sie gleichzeitig Grenzen: Sie können die Arbeitszeiten verändern, wenn alle Teilnehmer damit einverstanden sind. Allerdings sind Pausen zur Erholung da und deshalb können sie nicht beliebig gekürzt werden. Wollen einzelne Teilnehmer vor der Zeit gehen, liegt dies meist nicht in Ihrem Ermessen, sondern dies muss der Auftraggeber entscheiden. Verweisen Sie die Teilnehmer an ihn.

TIPP Sprechen Sie vor der Schulung mit dem Auftraggeber darüber, was Sie in diesem Fall tun sollen und wo Ihre Spielräume sind.

Vorgehen bei internen Schulungen

Bei innerbetrieblichen Seminaren und bei der Arbeit mit Führungskräften kommt es oft vor, dass Teilnehmer herausgerufen werden und die Pausen überziehen, weil sie mal schnell ihren Arbeitsplatz aufgesucht haben und weil sie mal eben im Flur ein wichtiges Telefonat führen müssen. All dies sind Störungen für die Seminargruppe, der abwesende Teilnehmer verliert den Anschluss, und unhöflich ist es auch noch. Was tun?

1. Sprechen Sie zu Beginn der Schulung über das Thema. Weisen Sie auf die Folgen hin.
2. Sprechen Sie den Auftraggeber an, wie dies verhindert werden kann, etwa dass die Fachabteilungen sich an das Personalreferat wenden müssen, wenn jemand aus dem Seminar herausgeholt werden soll.
3. Kürzen Sie die Pausen, sodass es sich für die Teilnehmer nicht lohnt, an ihren Arbeitsplatz zurückzukehren. Machen Sie dafür mehr Pausen.
4. Schaffen Sie Distanz zum Arbeitsplatz. Sobald das Seminar in einer anderen Liegenschaft oder in einem nahegelegenen Hotel stattfindet, hören diese Probleme meist von selbst auf.

> **TIPP**
> Wenn ein Teilnehmer die Pausen deutlich überzieht, für längere Zeit den Raum verlässt oder früher geht, sprechen Sie ihn darauf an.

VERWEIGERUNG

Sie haben für den Nachmittag eine Übung vor der Videokamera vorgesehen. Als Sie die Übung ankündigen, meldet sich ein Teilnehmer und erklärt, dass er sich nicht vor eine Kamera stellen werde. Mehrere andere Teilnehmer schließen sich ihm an.

Vorgeschichte beachten Eine solche Verweigerung kommt selten spontan, sondern hat fast immer eine Vorgeschichte:

- Vielleicht hat der Dozent im Beispiel den Nutzen der Videoübung nicht richtig erläutert.
- Vielleicht hat er mögliche Befürchtungen und Bedenken zu leicht vom Tisch gewischt.
- Vielleicht hat er durch sein Verhalten gezeigt, dass die Teilnehmer bei der Übung mit harter Kritik rechnen müssen.
- Vielleicht hat er zu wenig für ein entspanntes Gruppenklima getan.
- Vielleicht ist den Teilnehmern eine Übung vor der Kamera auch schlicht unangenehm.

Wieder ins Gespräch kommen So unterschiedlich die Gründe für eine Verweigerung sein können, so wichtig ist es, wieder mit den Teilnehmern ins Gespräch zu kommen, ihnen Gelegenheit zu geben, ihre Ansicht, ihre Bedenken und Befürchtungen zu artikulieren und dann gemeinsam nach einer Lösung zu suchen. Die Lösung wird meist ein Kompromiss sein, bei denen die Interessen der Teilnehmer, aber auch Ihre Interessen berücksichtigt werden. So könnten Sie im Beispiel den Teilnehmern den Vorschlag machen, die Übung mit Video aufzuzeichnen, ihnen aber das Recht zuerkennen, selbst zu entscheiden, ob die Aufnahme anschließend gezeigt wird.

Hüten sollten Sie sich davor, auf eine schnelle Lösung zu drängen, denn die Situationsklärung ist in einem solchen Fall mindestens genauso wichtig wie die Suche nach einer passenden Lösung.

11. SCHWIERIGKEITEN MIT DEM KO-TRAINER

> Sie führen das Seminar zum zweiten Mal gemeinsam mit einem Trainerkollegen durch. Am Anfang klappt das ganz gut, aber dann fängt Ihr Kollege an, Sie während Ihrer Ausführungen zu unterbrechen und seine eigenen Gedanken beizusteuern. Sie sehen das eher als Einmischung, weniger als Unterstützung. Sie merken, dass Sie dieses Verhalten zunehmend nervt.

Bisweilen hat man als Trainer Gelegenheit, Unterricht mit einem Kollegen zusammen zu machen. Das hat mehrere Vorteile:

- Für die Teilnehmer ist der Unterricht abwechslungsreicher.
- Man lernt als Trainer voneinander und miteinander.
- Man kann sich als Trainer gegenseitig unterstützen.

Jeder Trainer hat eine bestimmte Art sich darzustellen, Stoff zu vermitteln und mit den Teilnehmern umzugehen. Aus diesen Unterschieden heraus können aber auch Schwierigkeiten beim Teamteaching entstehen, wenn die Persönlichkeiten schlecht miteinander harmonieren oder Neid, Missgunst oder andere Gefühle die Beziehung belasten. Um dies zu vermeiden, können Sie Folgendes tun:

Probleme beim Teamteaching

- Achten Sie auf die »Kompatibilität«. Nicht jeder Kollege passt als Persönlichkeit zu Ihnen
- Nutzen Sie die Stärken des einzelnen Trainers. Denn jeder Trainer hat Stärken. Deshalb sollte im Teamteaching jeder Trainer das übernehmen, das er am besten kann. Auch dies hilft, Schwierigkeiten zu vermeiden.

Klare Absprachen treffen

- Treffen Sie klare Absprachen. Legen Sie fest, wer welche Teile im Seminar übernimmt. Halten Sie sich strikt an diese Absprachen, vor allem, wenn Sie noch nicht so viele Erfahrung beim gemeinsamen Unterrichten haben.
- Verabreden Sie, ob und in welcher Form der Kollege sich ins Unterrichtsgeschehen einschalten kann: Soll der Kollege sich melden, wenn er etwas sagen will, soll er das Wort ohne Aufforderung übernehmen können oder soll er Ihnen vielleicht helfen, Fragen der Teilnehmer zu beantworten und Arbeitsphasen zu organisieren?

TIPP Achten Sie auf Rollenklarheit und feste Verantwortlichkeiten.

Schwierigkeiten beim Teamteaching können durch folgende Situationen entstehen:

- Einer der beiden Trainer wird von Gruppe nicht akzeptiert.
- Einer der beiden kommt bei den Teilnehmern besser an.
- Ein Trainer ist zu dominant.
- Ein Trainer hält sich nicht an Absprachen.

An Vereinbarungen halten

Auch als Trainertandem muss man sich erst zusammenfinden. Legen Sie bei den ersten gemeinsamen Versuchen fest, wer welche Unterrichtssequenz übernimmt. Der andere Trainer setzt sich in dieser Zeit zu den Teilnehmern. Alternativ kann er als »Butler« arbeiten und in dieser Eigenschaft Ergebnisse anschreiben, Karten einsammeln, Arbeitsblätter austeilen und Gruppenarbeit organisieren. Hierbei ist wichtig, dass der Helfer sich genau an die Anweisungen des »leitenden« Trainers hält.

Beim Zusammenfinden können auch schon mal Irritationen und Reibereien vorkommen. Wichtig ist, wie Sie damit umgehen. Grundvoraussetzung ist, dass beide Trainer kritikfähig und zu einem offenen Feedback bereit sind. Sprechen Sie sich regelmäßig aus, wie Sie die bisherige Arbeit miteinander erlebt haben, und sprechen Sie sich regelmäßig ab, wie Sie die nächste Unterrichtssequenz gestalten wollen.

Feedback geben

Regeln Sie Probleme untereinander immer unter vier Augen.

12. SCHWIERIGKEITEN MIT SICH SELBST

> **BEISPIEL**
>
> Sie begrüßen die Teilnehmer am ersten Tag. In diesem Moment fällt Ihnen ein, dass Sie einen Teil Ihrer Unterlagen zu Hause liegen gelassen haben. Auch das Schulungsskript fehlt. Gleich in den ersten fünf Minuten versprechen Sie sich mehrmals und stottern herum. *Jetzt fehlt nur noch, dass die Teilnehmer anfangen zu motzen*, denken Sie.

»Heut' ist ein schlechter Tag!«

Das kennen Sie sicher: Sie haben einen schlechten Tag und dauernd geht etwas schief. Das führt so weit, dass Sie schon auf das nächste Unglück warten. Sie werden zusehends nervös und fürchten, dass Sie sich vor den Teilnehmern blamieren. Das verstärkt noch Ihre Nervosität und Unsicherheit.

URSACHEN

Als Ursachen für Schwierigkeiten mit sich selbst kommen vor allem falsche Erwartungen und eine ungünstige Selbstprogrammierung infrage.

FALSCHE ERWARTUNGEN

Anspruchsniveau definieren

Was erwarten Sie von einer Schulung? Dass die Teilnehmer rausgehen und zufrieden sind? Dass sie das Seminar toll fanden und wiederkommen wollen? Dass sie vielfältige Erkenntnisse mitnehmen? Dass sie viel gelernt haben? Oder schlicht: Dass es keine Probleme im Unterricht gab? Diese Frage zu klären ist deshalb wichtig, weil Sie damit Ihr Anspruchsniveau definieren. Legen Sie die Latte zu hoch und wollen Sie immer nur Top-Ergebnisse erreichen, werden Sie häufiger unzufrieden als zufrieden sein. Legen Sie die Latte zu niedrig, sind Sie zwar regelmäßig mit dem Ergebnis zufrieden, haben aber auch keinen Grund, Ihre Schulung weiter zu perfektionieren.

Auch die Frage, ob es Ihnen mehr auf die Zufriedenheit der Teilnehmer oder einen hohen Lernerfolg ankommt, ist wichtig. Denn hier kann es im Unterricht zu Konflikten kommen. Vielleicht ist eine unmotivierte Seminargruppe dann zufrieden, wenn Sie viel Unterhaltung bieten und viele Pausen machen, auf der anderen Seite leidet dann wahrscheinlich der Lernerfolg. Ein guter Lernerfolg lässt sich wiederum leichter erreichen, wenn das Klima in der Schulung gut ist. Und was die Sache noch komplizierter macht: Die Teilnehmer können am Ende einer Schulung meist gar nicht richtig beurteilen, wie lernwirksam der Unterricht war. Dies zeigt sich nämlich erst, wenn sie versuchen das Gelernte in der Praxis umzusetzen.

Erwartungen abklären

TIPP

Fokussieren Sie sich nicht zu stark auf die Zufriedenheit der Teilnehmer, auch wenn dies bei der Bewertung der Schulung, bei der Abschlussbesprechung und in den Bewertungsbogen im Zentrum steht.

Gehen Sie mit klarer Haltung in die Schulung. Überlegen Sie sich, was Sie bei diesen Teilnehmern und bei diesem Thema erreichen wollen und erreichen können.

SELBSTPROGRAMMIERUNG

Oft sind es nicht die Störungen im Unterricht, die problematisch sind, sondern die unprofessionelle Reaktion des Trainers, be-

Die Einstellung des Trainers

dingt durch die Schwierigkeiten, die er damit hat. Mit der eigenen Motivation kann es zu Schwierigkeiten kommen, wenn Sie negative Erfahrungen mit einem bestimmten Seminartyp oder mit einer bestimmten Zielgruppe gemacht haben und das nächste Seminar dieser Art vor der Türe steht. Dann kann es leicht aus einer negativen Grundstimmung heraus zu einem Zirkelschluss kommen, der Ihre Motivation noch weiter in Mitleidenschaft zieht.

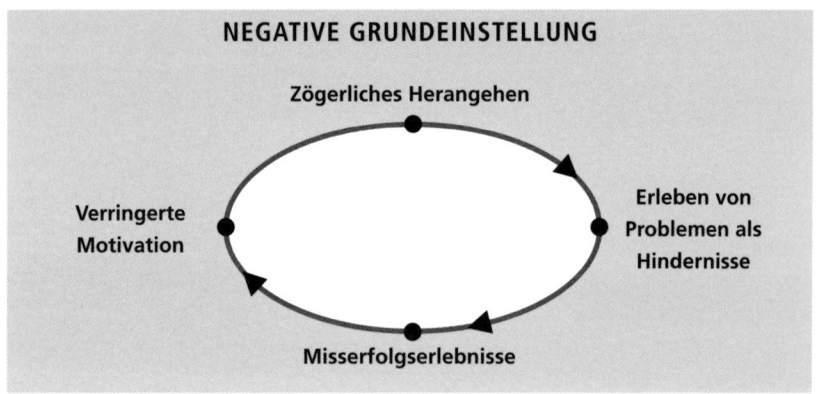

Die sich selbst erfüllende Prophezeiung

Wenn Sie auf die nächste »Katastrophe« in Ihrer Schulung warten, wird dieses Unglück dann mit ziemlicher Sicherheit auch eintreffen. Psychologen nennen so etwas eine *Self-fulfilling-Prophecy*, eine sich selbst erfüllende Prophezeiung. Dadurch, dass Sie auf das Unglück warten, sind Ihre Sinne für missliche Umstände geschärft. Sie sehen in jeder Kleinigkeit eine Bestätigung Ihrer Annahme. Manches, was sich ohne Weiteres als positiv im Seminar bezeichnen ließe, nehmen Sie nicht wahr, weil Sie es nicht wahrnehmen wollen – es passt nicht zu Ihrer Einstellung. Sie sehen: Manchmal steigert man sich in etwas hinein.

Besonders anfällig für Gefühle der Unsicherheit ist man, wenn man eine vermeintlich schwierige Seminargruppe vor sich hat.

Dann ist die Beobachtung geschärft, aber sehr speziell ausgerichtet. Dann kann schon ein nichtssagender Gesichtsausdruck eines Teilnehmers als Langeweile interpretiert werden, gegen die man sofort etwas tun muss.

Wenn Ihr Auftraggeber Sie vor bestimmten schwierigen Teilnehmern »warnen« will, lassen Sie das bitte nicht zu. Denn damit verändert sich automatisch Ihre Wahrnehmung dieses Teilnehmers.

Das bedeutet: Sie können etwas als Problem empfinden oder als Herausforderung. Allerdings hat alles seine Grenzen: Wenn Sie – trotz allen Bemühens – mit einem Seminar nicht glücklich werden, sollten Sie es möglichst fallen lassen. Sie würden sich sonst nur unwohl fühlen, und das würden die Teilnehmer wahrscheinlich schneller merken, als Ihnen dies lieb ist.

Problem oder Herausforderung

AUSWIRKUNGEN

Die Auswirkungen bei Schwierigkeiten mit sich selbst sind vielfältig – wie ich Ihnen nun zeigen will.

ZEITMANGEL

Manchmal kommt man im Unterricht mit der vorgegebenen Zeit nicht zurecht. Dies kann positive Gründe haben, etwa weil die Gruppe sehr motiviert ist, viele Fragen stellt, gerne über einzelne Themen diskutiert. Aber auch die Behandlung von Störungen kostet Zeit. Dennoch sollten Sie vermeiden, die vorgesehene Unterrichtszeit zu überziehen.

Vorgehen bei Zeitnot

Wenn Sie in Zeitnot geraten, passiert es leider schnell, dass Sie das Augenmerk nur noch auf die Wissensvermittlung legen, die Aktivierung der Teilnehmer und den roten Faden Ihres Unterrichts jedoch vernachlässigen. Überlegen Sie dann, ob Sie sich nicht selbst im Wege stehen:

- Haben Sie Ihren Unterricht nicht präzise genug durchgeplant, sodass Sie gar nicht überprüfen können, ob Sie mit der Zeit hinkommen?
- Ertappen Sie sich bisweilen dabei, dass Sie ins Erzählen kommen und dabei die Zeit vergessen?
- Greifen Sie gerne Stichwörter der Teilnehmer auf, auch wenn die Themen nicht so ganz zum Unterricht passen?
- Machen Sie für Arbeitsphasen konkrete Zeitvorgaben und passen Sie die Aufgabenstellung an die verfügbare Zeit an?

> **Falls Sie häufiger Probleme mit der Zeit haben, sollten Sie über Ihr Zeitmanagement nachdenken und einmal überprüfen, wie viel Stoff Sie tatsächlich in einer Unterrichtsstunde lernwirksam vermitteln können. Es ist meistens weniger, als man denkt.**

Mit Unterrichtsbausteinen arbeiten

Arbeiten Sie bei der Planung mit einzelnen Unterrichtsbausteinen, die minimal 45, maximal 90 Minuten dauern. Danach ist ohnehin eine Pause notwendig. Planen Sie diese Bausteine so flexibel, dass Sie sie trotz Zeitverzögerungen rechtzeitig abschließen können. Verspätungen sollten Sie nicht immer weiter mitschleppen.

Flexibel bleiben

Planen Sie möglichst in jeder Unterrichtseinheit eine Übung ein. Gestalten Sie die Übung so, dass Sie sie zeitlich variabel einsetzen können, etwa durch die Variation der Methode oder durch die Variation der Aufgabenstellung. So können Sie Übungen in Einzelarbeit, Partnerarbeit oder Gruppenarbeit durchführen, Sie können für alle die gleiche oder für einzelne Gruppen unterschiedliche Aufgaben stellen, Sie können weniger Punkte erarbeiten lassen oder mehr. Und unterscheiden Sie zwischen Inhalten, die Sie unbedingt vermitteln wollen, und Wissen, das Sie bei genügend Zeit ergänzen. Muss-Inhalte sind das Strukturwissen, das die Teilnehmer brauchen, um die Zusammenhänge zu verstehen, und das Praxiswissen, das ihnen im Alltag den größten Nutzen bringt. Für Muss-Inhalte verplanen Sie maximal 60 Prozent der Unterrichtszeit.

LAMPENFIEBER

Sie geraten in eine schwierige Situation. In diese Situation können Sie sich selbst bringen oder sie kann sich aus dem Unterrichtsgeschehen ergeben.

> Sie haben Ihren Unterricht gut geplant, doch gleich zu Beginn gibt es erste Verzögerungen, der Raum muss noch aufgeschlossen werden, Sie müssen auch noch Ihren Laptop anschließen und den Beamer ausprobieren und sich den Einstieg zurechtlegen, die ersten Teilnehmer treffen auch schon ein, und einer von ihnen hat auch gleich eine Frage an Sie. Sie denken: *Wie krieg ich den Teilnehmer schnell wieder los, und hoffentlich passiert nicht dasselbe wie im letzten Seminar, dass der Laptop nicht zum Beamer passt. Dann wäre alles zu spät.*

Oft kämpft man als Dozent mehr mit seinen eigenen Gefühlen als mit der eigentlichen Situation. Der Grund ist einfach: In solch einer belastenden Situation kommen einem unterschiedliche Gedanken und Erinnerungen ins Bewusstsein, auch von früheren, schwierigen Situationen im Seminar und außerhalb des Seminars, die Sie mehr oder weniger gut bewältigt haben.

Kampf mit den eigenen Gefühlen

Nervosität Wahrscheinlich gibt es keinen Dozenten, der bei seinem ersten Seminar nicht nervös war. Auch »alte Hasen« haben schon mal »Hummeln im Bauch«, wenn ein neues Seminar beginnt oder sich während des Seminars schwierige Situationen ergeben. Schwitzen, zittern, stottern, schwer atmen, unkontrollierte Bewegungen, zu schnelles Sprechen, Blackouts und rot werden sind typische Anzeichen für übermäßige Nervosität.

Nervosität gehört dazu Allerdings: *Nervosität* ist nichts Schlimmes, das man unbedingt bekämpfen muss. Im Gegenteil: Nervosität gehört dazu. Sie zeigt, dass Sie das neue Seminar als Herausforderung erleben, und das sollte es auch sein. *Lampenfieber* ist somit erst einmal positiv zu bewerten. Nervosität ist nur dann unangenehm, wenn sie sich auf ihr Verhalten auswirkt: Sie wissen nicht, wohin mit Ihren Händen, Ihre Stimme versagt. Das Beste, was Sie in solch einem Fall tun können: Akzeptieren Sie Ihre Unsicherheit. Sie gehört dazu. Dieser Rat hilft einem aber wenig, wenn man merkt, dass man vor dem Seminar immer nervöser wird. Aber was können Sie sonst noch tun?

Maßnahmen gegen Lampenfieber
- Bereiten Sie sich inhaltlich gut auf das Seminar vor. Je besser Sie vorbereitet sind, desto weniger Angst brauchen Sie vor Fragen zu haben, die Sie nicht beantworten können, oder vor Teilnehmern, die Sie »austesten« wollen.
- Bereiten Sie den Lernstoff gut auf. Suchen Sie vor allem nach einem motivierenden Einstieg. Dann haben Sie die Teilnehmer gleich auf Ihrer Seite.
- Seien Sie früh genug im Seminarraum. Überzeugen Sie sich, dass alle Medien vorhanden sind und funktionieren. Legen Sie sich Ihre Unterlagen so zurecht, dass Sie nicht gleich zu Beginn des Seminars anfangen müssen zu suchen.

Gute Vorbereitung Eine gute Vorbereitung gibt *Sicherheit*, bei Fragen von Teilnehmern eine Antwort zu wissen und notfalls auch in der Lage zu sein, den Unterrichtsverlauf zu ändern. Machen Sie sich zudem besonders ausführlich Gedanken darüber, wie Sie die *ersten Minuten* des Seminars gestalten wollen: Stellen Sie sich in Gedanken auf das Seminar ein. Gehen Sie es Schritt für Schritt durch. Schreiben Sie sich wichtige Sätze wörtlich auf – zum Beispiel Anfänge, Übergänge oder Abschlüsse. Und sagen Sie sich, wie gut Sie sind. Denn wenn Sie kein Fachmann wären, würden Sie nicht als Trainer auftreten können.

Und das können Sie außerdem unmittelbar vor und nach Beginn des Seminars tun: **Weitere Hilfen**

- Beschäftigen Sie sich nicht bis in die letzte Sekunde mit Ihrem Unterricht. Entspannen Sie sich, ruhen Sie sich aus.
- Lernen Sie den ersten Satz auswendig. Aber bitte nicht herunterleiern. Vermeiden Sie im ersten Satz Wörter, die schwer auszusprechen sind.
- Wechseln Sie, bevor Sie mit dem Unterricht beginnen, einige Worte mit den Teilnehmern. Vielleicht finden Sie auch dann gleich einen Anknüpfungspunkt, den Sie im Unterricht aufgreifen können.
- Arbeiten Sie am Anfang mit Medien. Dann schauen die Teilnehmer auf die Medien, Sie treten etwas in den Hintergrund.
- Planen Sie früh eine Phase ein, in der die Teilnehmer beschäftigt sind. Sie haben Zeit zu verschnaufen, und die Aufmerksamkeit der Teilnehmer ist auf die Erarbeitung des Stoffes gerichtet.

ANGST VOR BLAMAGE

Es gibt Situationen im Unterricht, die Ängste erzeugen und Stress verursachen können. Dazu zählen die *Fragen von Teilnehmern*. Sie können sie nicht beantworten und fürchten um Ihre Reputation. Nun gibt es zwei Möglichkeiten:

Auf Teilnehmer-fragen gelassen eingehen

- Ihnen werden mehrere solcher Fragen kurz hintereinander, womöglich gleich zu Beginn Ihres Unterrichts, gestellt. Dann wollen die Teilnehmer Sie austesten oder Sie sind schlicht nicht ausreichend auf Ihren Unterricht vorbereitet.
- Oder bisweilen kommt so eine Frage in Ihrem Unterricht vor. Geben Sie zu, dass Sie die Frage nicht beantworten können. Schließlich sind Sie Modell für die Teilnehmer und die Teilnehmer können auch viele Fragen nicht beantworten, sonst wären sie nicht in Ihrer Schulung. Falls möglich, nutzen Sie die Frage als Gelegenheit, gemeinsam nach einer Lösung zu fahnden, Quellen zu nutzen, Arbeitstechniken einzuüben. Ist dies nicht möglich, schreiben Sie sich die Frage auf und versprechen Sie, sich darum zu kümmern.

Einwänden begegnen

Überlegen Sie zudem vorab, welche *Einwände* bei kritischen Themen von Teilnehmerseite kommen könnten, und bereiten Sie sich darauf vor. Einwände können Sie auch in Ihren Unterricht integrieren und daraus eine Übung entwickeln. Bedenken Sie aber, dass es nicht unbedingt Ihre Aufgabe ist, alle Teilnehmer von Ihrem Thema zu überzeugen. Unterschiedliche Meinungen fördern den Meinungsaustausch. Und darum gilt: Einwände können Sie auch aufgreifen und an die Gruppe weitergeben oder vertagen: *Ihr Einwand ist berechtigt. Wenn Sie nichts dagegen haben, greife ich ihn gleich bei der Diskussion auf.*

Denkblockaden verhindern

Stresssituationen können zu Denkblockaden führen. Der Mensch ist bei Stress darauf ausgerichtet, nicht lange nachzudenken, sondern schnell zu reagieren. Kommen Sie in eine Stresssituation wie bei einem *Blackout*, versuchen Sie sich erst zu konzentrieren, dann zu reagieren. Zeit gewinnen können Sie durch Rückfragen oder bewusst langsames Sprechen. Wiederholen Sie also, was Sie zuletzt gesagt haben, oder sorgen Sie für eine Unterbrechung, etwa indem Sie einen Teilnehmer bitten, das Fenster zu öffnen.

ENTTÄUSCHUNGEN

Nicht jedes Seminar verläuft so, wie Sie sich dies wünschen. Nicht immer werden die Teilnehmer mit Ihrem Unterricht zufrieden sein. Das ist Alltag – für jeden Trainer. Unterschiedlich sind allerdings die Reaktionen der Trainer:

- Sie wollen es eigentlich nicht hören – und vertun damit die Chance, von den Teilnehmern Hinweise zu bekommen, wie sie ihren Unterricht verbessern können.
- Sie suchen und finden Gründe, woran es liegen könnte, dass es diesmal nicht so gut geklappt hat. Die Gründe liegen dann fast immer bei den Teilnehmern oder bei den Rahmenbedingungen – nie beim Trainer selbst.
- Sie nehmen die Äußerungen der Teilnehmer als Kritik auf und nicht als willkommenes Feedback, über das es sich lohnt nachzudenken.

Enttäuschungen haben zwei Auswirkungen: Sie zweifeln an sich und Sie fühlen sich schlecht. Selbstzweifel, negative Gedanken und Gefühle haben viel mit Ihrem Selbstbild zu tun: *Auswirkungen von Enttäuschungen*

- Für wie erfahren halten Sie sich?
- Wie gut kommen Sie mit Ihrer Arbeit zurecht?
- Welche Erfahrungen haben Sie mit bestimmten Aufgaben und Arbeiten gemacht? Gab es Probleme, die Sie belastet haben?
- Wie reagieren Sie auf Schwierigkeiten; gehen Sie eher davon aus, dass es letztlich doch klappt oder nicht klappt?
- Wie gehen Sie neue Aufgaben an, eher forsch oder eher zögerlich?
- Wie sieht es mit Ihrem Selbstbewusstsein aus?

Viele Menschen sind sich selbst der größte Kritiker. Selbstkritik äußert sich häufig in inneren Dialogen, die von negativen Ein- *Erfolgsfördernde Vorstellungen* schätzungen und destruktiven Gedanken geprägt sind. Die Folge: Sie demotivieren sich immer mehr, bis sie in ihrem persönlichen Jammertal gelandet sind. Selbstmitleid ist manchmal ganz heilsam für die verletzte Seele, aber eben nur manchmal. Machen Sie sich nicht selbst runter. Denken Sie an Ihren Erfolg, nicht an Ihren Misserfolg!

Gehen Sie mit sich selbst nicht zu streng um. Das ist so ein bisschen wie das »schlechte Gewissen« in der Waschmittelwerbung. Wenn Sie sich selbst immer wieder einreden, dass Sie nichts taugen und nichts zuwege bringen, wenn Sie dauernd an sich selbst herumnörgeln. Und Sie werden Sie sich genauso fühlen, nämlich klein, hässlich, als Versager.

TIPP Beenden Sie möglichst Ihren Tag auf positive Weise: Überlegen Sie, was an diesem Tag besonders angenehm für Sie war oder wo Sie mit sich zufrieden waren. Das ist dann sozusagen das Gegenprogramm zur Problemsicht.

Selbstlob stinkt nicht

Seien Sie nett zu sich selbst. Und lassen Sie sich durch Enttäuschungen nicht ins Bockshorn jagen. Analysieren Sie sachlich die Gründe, warum es diesmal nicht so geklappt hat, wie Sie erwartet haben. Vielleicht analysieren Sie die Situation gemeinsam mit anderen. Lernen Sie daraus und setzen Sie sich Ziele für die nächste Schulung, zu diesem Thema, mit dieser Zielgruppe.

Positive Motivation

Wenn Ihre Gedanken immerwährend um negative Gedanken kreisen, fällt es Ihnen natürlich schwer, guten Mutes zu sein. Die Methode des *Gedankenstopps* hat sich bei der Bewältigung von negativen Gefühlen bewährt. Durch den Gedankenstopp lernen Sie negative Vorstellungen und Bilder zu stoppen und in eine andere Richtung zu lenken. Ihre quälende Grübelei wird dadurch beendet. Diese Methode sollte zuerst geübt werden, bevor Sie sie anwenden. Gehen Sie folgendermaßen vor:

- Begeben Sie sich in eine entspannte Position.
- Stellen Sie sich eine unangenehme Situation vor.
- Setzen Sie sich mit den unangenehmen Gedanken auseinander.
- Unterbrechen Sie nach einer Weile sich selbst und geben Sie sich ein Signal um Ihre Gedanken zu stoppen, zum Beispiel sagen Sie »STOPP«.
- Stellen Sie sich dann ein angenehmes Bild vor oder sagen Sie sich einen Gedanken vor, der Ihnen hilft.
- Bewerten Sie nach dieser Methode, was passiert ist: Ist es Ihnen gelungen, Ihre Gedanken zu stoppen?

Zu Beginn werden Ihre negativen Gedanken sicherlich wiederkehren. Diese Methode muss geübt werden. Kommen die negativen Gedanken wieder, dann versuchen Sie erneut den Gedankenstopp, so lange, bis Sie sich von den Gedanken befreien können. Falls Sie bei der Übung zu unruhig und nervös werden, so unterbrechen Sie diese.

Zur Unterstützung können Sie sich selbst instruieren. Bei diesem Verfahren geben Sie sich selbst Instruktionen wie zum Beispiel: *Schwierigkeiten im Seminar können mir nichts anhaben!*, *Ich lasse mich nicht aus der Ruhe bringen!*, *Ich bin kompetent und kann es!*

Selbstinstruktionen

BURNOUT

Zu viele Seminare, zu viele Termine, zu viel Leerzeiten, zu wenig Zeit, um zu entspannen und für Ausgleich zu sorgen: Zu viel Stress kann dazu führen, dass Ihre Energiereserven immer weiter sinken und sich erste Ausfallerscheinungen einstellen. Der Fachbegriff für Überlastung heißt Burnout. Die Übung auf Seite 154 hilft Ihnen zu prüfen, ob bei Ihnen schon Anzeichen für Burnout erkennbar sind.

Bitte kreuzen Sie an: ja nein

1. Möchten Sie oft nur noch in Ruhe gelassen werden? ☐ ☐
2. Werden Sie hektisch, wenn Sie warten müssen? ☐ ☐
3. Fühlen Sie sich oft erschöpft? ☐ ☐
4. Fällt es Ihnen schwer, sich zu konzentrieren? ☐ ☐
5. Fühlen Sie sich tagsüber ungewöhnlich müde? ☐ ☐
6. Sprechen andere Sie manchmal darauf an, dass Sie zu viel arbeiten? ☐ ☐
7. Sehen Sie Freunde und Bekannte seltener? ☐ ☐
8. Sind Sie häufig erkältet? ☐ ☐
9. Brausen Sie gegenüber Teilnehmern schneller auf als früher? ☐ ☐
10. Haben Sie fast jeden Abend Kopfschmerzen? ☐ ☐
11. Sind Sie vergesslicher als früher? ☐ ☐
12. Hat Ihre Fähigkeit zur Begeisterung nachgelassen? ☐ ☐
13. Können Sie abends nicht mehr richtig abschalten? ☐ ☐
14. Wächst Ihre Gier nach Süßem, nach Alkohol oder Nikotin? ☐ ☐
15. Leiden Sie zunehmend unter Schlaflosigkeit? ☐ ☐
16. Fühlen Sie sich durch Ihre Teilnehmer genervt? ☐ ☐

> **AUSWERTUNG:**
>
> | | |
> |---|---|
> | Bis zu 4 Ja-Antworten | Kein akuter Grund zur Sorge. Solche Symptome tauchen bei jedem zwischendurch mal auf. Erst wenn Sie über längere Zeit anhalten oder sogar zunehmen, laufen Sie wirklich Gefahr, in einen Burnout-Prozess zu geraten. |
> | Bis zu 12 Ja-Antworten | Vorsicht! Bei Ihnen hat der Burnout-Prozess offenbar schon begonnen. Sie sollten etwas unternehmen, um nicht tiefer in die Krise zu geraten. |
> | 13 Ja-Antworten und mehr | Höchste Alarmstufe! Sie stecken bereits mitten in einem Burnout-Prozess. Dabei können körperliche und seelische Schäden entstehen. |

Ist der Burnout bereits gut erkennbar, sollten Sie unbedingt etwas gegen Ihre Belastung tun. Hier einige Vorschläge: **Maßnahmen gegen Burn-out**

- Treten Sie kürzer. Sie müssen nicht alles selber und nicht alles auf einmal machen. Auch wenn ein weiterer Auftrag noch so lukrativ ist und der Kunde noch so interessant ist: Irgendwann ist eine Grenze erreicht.
- Sorgen Sie für Ausgleich, regenerieren Sie, gönnen Sie sich den Urlaub, der Ihnen zusteht.
- Trennen Sie Arbeit und Freizeit scharf voneinander. Wenn Sie bei Ihrer Familie und zusammen mit Ihren Freunden sind, dann auch mit Ihren Gedanken und die ganze Zeit. **Kürzer treten und abschalten**
- Schalten Sie regelmäßig ab. Sorgen Sie für Augenblicke, wo Sie alles um sich herum vergessen – so wie beim Malen, Tanzen, Lesen, Feiern. Wichtig ist, dass Sie sich wirklich mit Freude und Genuss in eine Situation vertiefen können.
- Reden Sie mit anderen über Ihren Frust. Suchen Sie sich Menschen, denen Sie vertrauen und die Sie verstehen, und sprechen Sie mit ihnen über Ihre Probleme.

13. ZIEL: ARBEITSFÄHIGKEIT WIEDER HERSTELLEN

Probleme behindern Seminarablauf

Probleme gehören zum Seminar. Was nicht heißt, dass Sie sie nicht lösen sollten! Denn Missverständnisse, Störungen und Streitereien behindern Ihren Unterricht. Sie kosten Zeit – etwa all die Diskussionen über ein vorzeitiges Ende des Seminars –, sie stören die Konzentration – wie etwa Nebenunterhaltungen –, sie binden Energien – wie etwa Streitereien zwischen Teilnehmern. Und sie führen dazu, dass sich Teilnehmer mit negativen Gefühlen wie Ärger und Frust auseinandersetzen müssen.

Deshalb sollen Sie sich dieser Probleme annehmen, unmittelbar und konsequent, um den Lernprozess nicht zu lange zu behindern. Ziel muss es sein, das Problem zur Zufriedenheit aller nachhaltig zu lösen und den Kontakt mit den Teilnehmern wieder herzustellen.

PROBLEME VERSTEHEN

Jeder Unterricht hat zwei Seiten. Auf der sachlichen Ebene geht es darum, Wissen zu vermitteln, Verhalten zu ändern, Abläufe einzuüben. Auf der emotionalen Seite geht es darum, die Teilnehmer zu einer motivierten und engagierten Lerngruppe zusammenzuführen.

> **Die meisten Probleme im Seminar resultieren aus emotionalen Faktoren.**

Schwierigkeiten im Seminar sind nicht einfach so da. Sie entwickeln sich. Zu Seminarbeginn sind Schwierigkeiten meist viel einfacher zu lösen. Später ist dies ungleich schwerer. Aus zwei Gründen ist es deshalb wichtig, Schwierigkeiten in einem möglichst frühen Stadium zu erkennen: Erstens lassen sie sich im Frühstadium leichter bearbeiten, zweitens binden sie nicht zu lange die Energien der Beteiligten. Das Mobilisieren negativer Gefühle verbraucht Kräfte, führt zu Demotivation, Resignation – und erst wenn die Schwierigkeiten aus dem Weg geräumt sind, lassen sich diese negativen Einstellungen verändern.

Emotionen beachten

Nur sind oft in dieser Anfangsphase Schwierigkeiten schwerer zu erkennen. Einfach ist dies nur bei offenen Konflikten, die Teilnehmer ins Seminar tragen. Aggressivitäten, Machtkämpfe, Beschwerden, demonstrative Unlust sind Zeichen offener Konflikte. Aber wenn sich Konflikte so offen zeigen, dann haben sie einen Teil ihrer Geschichte wahrscheinlich schon hinter sich. Wieder gilt: Die meisten Probleme im Unterricht haben eine *Vorgeschichte*. Und viele haben eine Ursache und einen Anlass. Deshalb ist ein erster und wesentlicher Schritt die Analyse der Ursachen für Schwierigkeiten. Am besten gelingt dies mit einer einfachen Frage, der Frage *Warum?* Warum also verhält sich der Teilnehmer gerade jetzt in dieser Weise? Und warum kommt es jetzt zu dieser Auseinandersetzung?

Augen auf zu Seminarbeginn!

Sie werden schnell auf die Vorgeschichte der aktuellen Probleme stoßen, und anschließend auf mögliche Ursachen. Diese Vorgeschichte kann sehr lang sein und lange vor der Schulung ihren Anfang genommen haben. Die Fronten können schon sehr verhärtet sein, die Ursachen ebenso nebulös wie vielschichtig sein. Je vertrackter die Situation, desto wichtiger ist die Analyse der Vorgeschichte und der Ursachen der Schwierigkeiten, zumindest soweit das Problem in der Schulung entstanden ist. Denn es hilft meist wenig, an der aktuellen Auseinandersetzung herumzudoktern.

Vorgeschichte klären

ANLÄSSE UND URSACHEN FÜR PROBLEME	
Aktuelle Situation	Was beobachte ich?
▼	
Vorgeschichte	Wie ist es dazu gekommen?
▼	
Ursachen	Worin liegen die Gründe?

Emotionale und sachliche Ebene

Je angespannter die Beziehung zwischen Ihnen und Teilnehmern oder zwischen verschiedenen Teilnehmern ist, je länger ein Problem schon vorhanden ist, desto größeren Einfluss gewinnt die emotionale Seite. Deutlich wird dies an einer etwas schärferen Formulierung, einem missbilligenden Tonfall, an einem starren Gesichtsausdruck, am Vermeiden von Blickkontakt. Die emotionale Ebene dringt immer wieder an die sachliche Oberfläche und »stört« dadurch die sachliche Auseinandersetzung. Das Problem dabei ist, dass man bei starken Emotionen auf der Sachebene nicht weiterkommt, weil man nicht offen kommunizieren kann und möchte.

Dann hilft nur, über die Art der Kommunikation offen zu sprechen, die eigenen Gefühle anzusprechen, die Gefühle des anderen zu erfragen und zu versuchen, wieder eine vernünftige Kommunikationsbasis aufzubauen.

SICH AUF STÖRUNGEN EINSTELLEN

Beim Umgang mit Störungen und schwierigen Situationen gibt es einige *grundsätzliche Verhaltensweisen*, die sich (fast) immer positiv auf die Situation auswirken. Die erste Regel müssen Sie allerdings prophylaktisch nutzen: *Regeln setzen.*

Es gibt bestimmte Spielregeln, die bei der Zusammenarbeit im Seminar eigentlich selbstverständlich sind, weil sie zum höflichen Miteinander gehören, etwa sich gegenseitig ausreden lassen. Dazu gehören auch alle Störungen, die die anderen Teilnehmer hindern, sich zu konzentrieren und dem Unterricht zu folgen. Werden Sie sich Ihrer Funktion als »Regelwächter« bewusst. Wenn jemand gegen eine Regel verstößt, machen Sie ihn darauf aufmerksam – höflich, aber bestimmt.

Regeln setzen

> *Herr Schnittler, lassen Sie bitte Frau Meurer ausreden.*
> *Dann erfahren Sie auch, was sie mit ihrem Einwand meint.*

Versuchen Sie, immer den Vorteil für den Teilnehmer herauszustellen. Je früher und je systematischer Sie Regelverstöße anmahnen, desto geringer die Gefahr, dass sich Teilnehmer über das ungebührliche Verhalten anderer Teilnehmer ärgern, sich dieser Ärger aufstaut und dann die Ursache für Schwierigkeiten zwischen Teilnehmern wird.

Trainer als Regelwächter

Sie haben natürlich auch die Möglichkeit, bei typischen oder häufigen Störungen vorab Regeln zu setzen. Überlegen Sie: Welche Regeln sollen in Ihren Schulungen gelten?

Überhäufen Sie die Teilnehmer aber nicht mit einer Fülle von Vorschriften und Verboten. Für Regeln gilt: *so wenig wie möglich und so einfach wie möglich*. Beteiligen Sie Ihre Teilnehmer bei der Aufstellung der Regeln. Denn der Sinn der Regeln muss für die Teilnehmer einsichtig sein.

TIPP Halten Sie die Regeln schriftlich fest. Hängen Sie sie im Schulungsraum auf.

Natürlich versteht es sich von selbst, dass Sie sich selbst strikt an die Regeln halten. In der Problemsituation können Sie dann:

- *sofort Feedback geben:* Wenn Sie ein Verhalten stört, wenn Sie Schwierigkeiten sehen, sprechen Sie es möglichst unmittelbar an. Beschreiben Sie Ihre Wahrnehmung, schildern Sie, was Sie stört, verweisen Sie auf die Spielregeln. Bleiben Sie dabei sachlich und freundlich.
- *Ihre Wünsche klar benennen:* Machen Sie deutlich, was Sie sich wünschen und was Sie erwarten. Selbst wenn einzelne Teilnehmer nicht mit Ihnen übereinstimmen, wissen sie dann zumindest, worauf Sie Wert legen.

Konsequenz zeigen

- *Folgen aufzeigen:* Gemeint sind hier keine Drohungen nach dem Motto *Wenn Sie das nicht sofort sein lassen, werde ich andere Seiten aufziehen.* Mit solchen Äußerungen sollten Sie sehr vorsichtig sein. Gemeint ist, dass negatives Verhalten negative Folgen hat – und das sollte der Teilnehmer erfahren.
- *konsequent sein:* Machen Sie Ihre Position deutlich und bleiben Sie dabei. In keinem Fall sollten Sie von Ihrem eigenen Standpunkt abrücken. Nur so behalten Sie Ihre Glaubwürdigkeit, und nur so signalisieren Sie, dass Sie es ernst meinen.

DAS EIGENE VERHALTEN REFLEKTIEREN

Probleme und Störungen sind immer eine gute Gelegenheit, mehr über sein eigenes Verhalten zu erfahren, mit dem eigenen Verhalten zu experimentieren und damit passende Verhaltensweisen für unterschiedliche Situationen zu entwickeln.

In den allermeisten Situationen reagieren wir, ohne groß nachzudenken. Dabei greifen wir auf Verhaltensmuster zurück, die wir in ähnlichen Situationen gelernt haben. Ein solcher Automatismus entlastet uns im Alltag ungemein. Allerdings können dabei zwei Probleme auftauchen:

Verhaltensmuster helfen und behindern

- Verhaltensweisen werden übernommen, die in der bestimmten Situation nicht passen.
- Ungünstige Verhaltensweisen, die wir meist bereits in der Kindheit erlernt haben, bestimmen unsere Reaktionen.

Diese Muster sind in unserem Gehirn gespeichert. Gespeichert sind auch bestimmte Erlebnisse und die Gefühle, die sie bei uns ausgelöst haben. Deshalb kann es schnell passieren, dass wir eine Situation im Seminar in Verbindung bringen mit (scheinbar) ähnlichen Situationen, die man erlebt hat, und mit den Gefühlen, die damit verbunden waren. In vielen Fällen sind diese Erlebnisse und Gefühle schon so weit ins Unterbewusste eingesunken, dass wir uns nicht mehr bewusst daran erinnern. Dennoch beeinflussen sie unser Verhalten.

Diese Erlebnis- und Verhaltensmuster werden in einem Teil unseres menschlichen Bewusstseins, nämlich im Unbewussten, gespeichert und in ähnlichen Situationen »hervorgeholt«. Dies erfolgt automatisch, egal, in welchem Alter und egal, ob die Reaktion oder das Gefühl der Situation auch angemessen ist. Der andere Teil, der Verstand oder das rationale Bewusstsein, hat auf diese Verhaltensfolgen wenig Einfluss.

Automatismen erkennen

Glaubenssätze und Regeln

Hinzu kommen Glaubenssätze und Regeln, wie man sich verhalten oder nicht verhalten soll. Solche Regeln übernehmen wir von unseren Eltern, unseren Lehrern und anderen »erfahrenen« Personen:

- Man darf keine Schwächen zeigen.
- Man muss immer lieb und artig sein.
- Man muss es immer allen recht machen.
- Man darf niemanden enttäuschen.

Glaubenssätze hinterfragen

Diese Glaubenssätze beeinflussen uns, ohne dass wir uns dessen bewusst sind. Sicher kennen Sie auch die innere Stimme, die Ihnen in schwierigen Situationen Ratschläge geben will: *Das darfst Du auf keinen Fall zulassen,* heißt es dann. Je mehr wir in uns hineinhorchen, desto mehr innere Stimmen melden sich oft. Glaubenssätze schränken Sie unnötig ein. Analysieren Sie, welche Sie mit sich herumtragen – und ob sie Ihr Verhalten im Seminar beeinflussen. Vielleicht schreiben Sie sie auf, dann können Sie Ihr Verhalten im Seminar besser einschätzen und sich von den Glaubenssätzen nach und nach lösen. Werden Sie sich Ihrer Reaktionen bewusst und überprüfen Sie immer mal wieder, ob sie der Situation tatsächlich angemessen sind. Achten Sie auch auf begleitende, negative Gefühle. Überprüfen Sie, ob diese Gefühle überhaupt zur aktuellen Situation passen und die Gefühle Sie nicht in Ihrer Wahrnehmung und Ihrer Reaktion zu stark behindern und einschränken.

Die drei Ich-Zustände

Typische Reaktionsmuster hat Eric Berne mit seinen Konzept der drei Ich-Zustände beschrieben:

Kind-Ich

- das *Kind-Ich:* In jedem von uns existiert noch die gleiche Person, die er sozusagen im Alter von drei Jahren war. Jeder trägt also – bildlich gesprochen – noch einen kleinen Jungen, ein kleines Mädchen mit sich herum. Vom Kind-Ich gibt es drei Varianten:

- *rebellisches/trotziges Kind-Ich: reagiert und agiert trotzig, patzig oder auch wehleidig.*
- *angepasstes Kind-Ich: reagiert und agiert brav und unterwürfig.*
- *natürliches Kind-Ich: reagiert und agiert spontan, ausgelassen und verspielt.*

- das *Eltern-Ich*: Das Eltern-Ich repräsentiert alles, was die Eltern und andere Erziehende einem Menschen in der Kindheit vermittelt haben: Werte, Normen, Einstellungen, Vorurteile, Gebote, Verbote etc., und zwar als ungeprüfte Glaubenssätze. Das Eltern-Ich kommt in zwei Varianten vor:
  Eltern-Ich
  - *kritisches Eltern-Ich: Dies äußert sich beim Erwachsenen durch be- und verurteilende Kritik und hohe Wertmaßstäbe an die eigene Person und an andere Menschen und führt schnell zu Unzufriedenheit.*
  - *fürsorgliches Eltern-Ich: Dies äußert sich in einem einfühlsamen Umgang mit anderen Menschen, aber auch in einer Neigung, anderen möglichst viel abzunehmen und sich letztlich ausnutzen zu lassen.*

- das *Erwachsenen-Ich*: Menschen mit gut ausgebildetem Erwachsenen-Ich sind sachlich orientiert und in der Lage, auch anderen Menschen Freiräume und Verantwortung zu übergeben.
  Erwachsenen-Ich

Zu einer Persönlichkeit gehören alle drei Ich-Zustände mit ihren Unterformen. Ihre Gewichtung ist bei jedem Menschen unterschiedlich. Ziel für Sie sollte es sein, sich die unterschiedlichen Facetten nutzbar zu machen. Voraussetzung ist, dass Sie die einzelnen Facetten erkennen und situativ richtig zu nutzen lernen.

BASISKOMPETENZ:
EIGENE VERHALTENSTENDENZEN EINSCHÄTZEN

Kritisches Eltern-Ich	wertet, moralisiert, weist zurecht, kritisiert, befiehlt, beherrscht, bestraft, kontrolliert, sorgt für Ordnung
Fürsorgliches Eltern-Ich	hört zu, hat Verständnis, lobt, tröstet, pflegt, unterstützt, hilft, umsorgt
Erwachsenen-Ich	beobachtet, sammelt Informationen, verarbeitet die Informationen logisch, zieht daraus Schlüsse
Natürliches Kind-Ich	spielt, freut und ärgert sich, ist kreativ, entwickelt ungewöhnliche Ideen
Angepasstes Kind-Ich	gehorcht, zieht sich zurück, fühlt sich schuldig, zögert, fürchtet sich, ist unsicher, hält sich mit seiner Meinung zurück, entwickelt wenig Initiative, richtet sich nach den anderen
Rebellisch-trotziges Kind-Ich	Ist schnell beleidigt, schmollt, ist wehleidig

SICH DER STÖRUNG ANNEHMEN

Teilnehmer kommen zu spät, führen Nebengespräche, streiten sich, verweigern die Mitarbeit. Aus dem Blickwinkel des Lernprozesses sind dies alles Störungen. Störungen binden die Aufmerksamkeit, zeitlich, aber auch emotional. Das führt einerseits dazu, dass die Teilnehmer erst wieder eine gewisse Anlaufphase brauchen, um sich gedanklich aufs Neue auf das Thema einzustellen, andererseits kann es auch sein, dass die Teilnehmer sich noch längere Zeit gefühlsmäßig mit der Störung auseinandersetzen. Auch dies mindert die Konzentration.

Die Teilnehmer können nicht lernen oder wollen nicht lernen, sie hindern sich selbst oder werden von anderen Teilnehmern, vielleicht auch durch Sie behindert. Ihre Aufgabe ist es, diese Störungen so gering wie möglich zu halten und möglichst schnell und nachhaltig abzustellen. Ziel muss sein, die betroffenen Teilnehmer wieder zum Thema zurückzuführen, ohne dass negative Gefühle zurückbleiben. Denken Sie an den Leitsatz: Störungen haben Vorrang und müssen sofort bearbeitet werden!

Störungen sofort bearbeiten

Es ist natürlich immer besser, Störungen zu vermeiden, als mit Störungen umgehen zu müssen. Als Trainer können Sie viel dazu beitragen. Sie versuchen im Vorfeld alle Stolpersteine auszuräumen, die Störungen (mit-) verursachen könnten: falsche Erwartungen, fehlende Passung auf die Teilnehmerbedürfnisse, mangelnder Praxisbezug, ungünstige Rahmenbedingungen. Sie bieten Ihren Teilnehmern einen Unterricht, der sie anspricht, interessiert, über den sie vielleicht sogar die Zeit vergessen. Leider aber gibt es eine umfangreiche Liste mit Punkten, durch die Sie dazu beitragen können, dass Ihre Teilnehmer stören – die Tabelle zeigt eine Auswahl.

Stolpersteine ausräumen

TRAINER IST VERANTWORTLICH FÜR STÖRUNGEN

- Der Unterricht ist nicht abwechslungsreich genug.
- Der Dozent geht zu schnell vor und kontrolliert nicht den Lernfortschritt der Teilnehmer.
- Er formuliert Aufgaben missverständlich.
- Er unterfordert die Teilnehmer und erläutert Zusammenhänge, die den Teilnehmern längst bekannt sind.
- Er bereitet einen schwierigen Stoff nicht richtig auf. Die Teilnehmer haben Verständnisschwierigkeiten.
- Er macht den Teilnehmern die Bedeutung des Lernstoffs nicht deutlich genug.
- Er geht zu wenig auf die Bedürfnisse und Wünsche der Teilnehmer ein.
- Er praktiziert einen autoritären Unterrichtsstil.
- Er lässt die Gruppe bei Entscheidungen allein.
- Er »reißt seinen Unterricht herunter« und zeigt wenig Interesse am Thema und am Unterricht.
- Er »verzettelt« sich in Einzelfälle.

»Schildfrage« klären

Wegen dieser und anderer möglicher Ursachen sollte sich ein Dozent bei Problemen zuallererst fragen, ob nicht sein Verhalten oder seine Unterrichtsgestaltung (mit) schuld ist. Erfahrungen zeigen, dass Teilnehmer dann zu Störungen neigen, wenn sie zu wenig Aufmerksamkeit bekommen. Trainer, die sich vor allem mit ihrem Stoff, der Vermittlung und den Medien beschäftigen, verlieren schnell den Kontakt zu den Teilnehmern. Achten Sie deshalb darauf, dass Sie:

- mit allen Teilnehmern Blickkontakt halten,
- eher stehen als sitzen,
- auf die Teilnehmer immer mal wieder zugehen,

- nicht auf einer Stelle verharren, sondern Ihre Position von Zeit zu Zeit verändern und
- so mit den Medien arbeiten, dass Sie trotzdem den Teilnehmern zugewandt bleiben.

Ihre Aufgabe ist es, Verhaltensweisen einzelner Teilnehmer wahrzunehmen und zu versuchen, eine mögliche Eskalation zu vermeiden: unkonzentrierte Teilnehmer wieder zu motivieren, unzufriedene Teilnehmer wieder zu aktivieren, unterschiedliche Meinungen aufzugreifen und die Ausgrenzung von Teilnehmern zu verhindern. Je unauffälliger Ihnen das gelingt, desto besser.

Eskalationen vermeiden

GELASSEN REAGIEREN

Zu Beginn können Sie bei Störungen mit Maßnahmen arbeiten, die von den Teilnehmern wahrscheinlich gar nicht bemerkt werden. Dazu gehören:

Verhalten ignorieren: Auch Nichtstun ist eine Maßnahme. Manche Störungen erledigen sich in kurzer Zeit von selbst. Dies gilt zum Beispiel, wenn sich zwei Teilnehmer kurz unterhalten, dann aber wieder zuhören. Allerdings sollten Sie den betreffenden Teilnehmern unbedingt deutlich machen, dass Sie ihr Verhalten bemerkt haben.

Ignorieren

Bisweilen sind Störungen sogar lernfördernd – ein Beispiel: Ein Teilnehmer fragt bei seinem Tischnachbarn einen Begriff nach, den er nicht verstanden hat. Es gibt eine Ausnahme von dieser Regel. Sie gilt für Gruppen mit schlechter Motivation. Wenn Sie hier ein störendes Verhalten ignorieren, kann es sein, dass andere Teilnehmer dies als Hinweis aufnehmen, dass sie selbst das Gleiche tun können. Hier heißt es rechtzeitig reagieren und früh zu reagieren, um Folgeeffekte zu vermeiden.

»Helfende« Störungen

Motivieren *Motivation verstärken:* Viele Störungen sind das Ergebnis mangelnder Konzentration oder Unlust. Deshalb kann es sinnvoll sein, erst einmal zu probieren, die Teilnehmer erneut zu motivieren, die Bedeutung des Stoffs herauszustellen, den Nutzen für die Teilnehmer aufzuzeigen und den Unterricht attraktiver zu gestalten.

Aktivieren *Teilnehmer aktivieren:* Wenn Teilnehmer sich selbst beschäftigen, sind sie wahrscheinlich zu wenig gefordert, wenn sie einschlafen, sind sie nicht aktiv genug, wenn zwei Teilnehmer sich miteinander unterhalten, könnten sie dies besser in einer Arbeitsphase zum Thema tun. Deshalb ist eine einfache Maßnahme: Ändern Sie die Situation zu, um den Teilnehmern Gelegenheit zu geben, ihre Bedürfnisse auszuleben. In einem guten Unterricht ist dies ohnehin das Maß der Dinge. Leider gelingt dies nicht immer.

Beschäftigen Teilnehmer, die beschäftigt sind, können nicht stören, können ihren Bewegungsdrang ausleben, können mit diskutieren und mit gestalten. Sollten Störungen während längerer Vortragsphasen auftauchen, beenden Sie sie, beziehen Sie die Teilnehmer wieder ein, fragen Sie nach, führen Sie eine kurze Einzel- oder Partnerarbeit durch.

> **TIPP** Wenn zwei Teilnehmer, die sich gern unterhalten, in unterschiedlichen Gruppen mitarbeiten, sind diese Gespräche unterbunden. Vielleicht reicht es auch schon, einen der beiden zu bitten, Teilnehmeräußerungen auf Karten zu schreiben und sie anzuheften, oder ihm eine andere Aufgabe zu übertragen.

Auf Gruppe hoffen: Haben Sie ein gutes Seminarklima aufgebaut und ist die Mehrzahl der Teilnehmer am Thema interessiert, können Sie mit Recht darauf hoffen, dass andere Teilnehmer sich einschalten und ihr Missfallen an störendem Verhalten zeigen. Nehmen wir ein Beispiel: Ein Teilnehmer liest unauffällig in einer Zeitschrift. Sie vermuten wahrscheinlich mit Recht, dass dieser Teilnehmer nicht ganz bei der Sache ist. Eine Störung für die anderen Teilnehmer ist es (noch) nicht. Aber vielleicht fühlen Sie sich bereits durch das Verhalten irritiert. Dann sollten Sie reagieren:

- Motivation verstärken: Erläutern Sie, warum dies Thema für die Teilnehmer wichtig ist.
- Teilnehmer aktivieren: Starten Sie eine Rundfrage. Was sagen die einzelnen Teilnehmer zum Thema X? Wie hoch schätzen Sie den Anteil von Y? Wechseln Sie die Methode. Beenden Sie Ihren Vortrag, leiten Sie zum Gespräch über. Vielleicht können Sie ihn auch nach seiner Erfahrungen fragen.

Bei Störungen und Problemen mit Teilnehmern hat man es auch immer mit sich selbst zu tun, mit seinen Gedanken, seine Gefühlen. Diese Gedanken und Gefühle sind zudem meist widersprüchlich. Versuchen Sie Ihre Emotionen im Zaum zu halten. Das ist natürlich leichter gesagt als getan. Schließlich sind Sie auch nur ein Mensch. Aber es gibt keine Alternative. Denn ansonsten schaukeln Sie sich schnell gegenseitig hoch, ein Wort folgt dem anderen, der Ton wird rauer, die Lautstärke erhöht sich. Am Ende einer solchen Eskalationsspirale stehen zwei Verlierer, die es nicht geschafft haben, vernünftig miteinander zu reden, und zudem weiteres Porzellan zerschlagen haben. Schützen können Sie sich dagegen durch zwei Hilfen:

Eigene Emotionen zügeln

- ein Gefühlsschild, das Sie davon abhält, jedes Verhalten als Affront gegen Sie und alles Gesagte wortwörtlich und als persönlichen Angriff zu werten.
- ein Reaktionsschild, das Sie hindert, sich auf eine Machtprobe einzulassen, es mit gleicher Münze dem Teilnehmer heimzuzahlen.

Kühlen Kopf bewahren

Die Wahrnehmung von Störungen, die Art der Reaktion hat auch immer etwas mit Ihnen selbst zu tun, mit Ihren Gefühlen, mit Ihren »neuralgischen Punkten«. Teilnehmer drücken sozusagen auf den Knopf, auf den Sie reagieren. Lassen Sie sich nicht anstecken, behalten Sie Ihren kühlen Kopf. Denken Sie daran: Sie sind der Profi. Sie sind ruhig, sicher und professionell – und daran ändern auch kritische und emotional geladene Situationen nichts.

> **Grundsätzlich: Bleiben Sie freundlich, aber bestimmt.**
> **Bedenken Sie: Im Extremfall kann ein kleiner Verweis dazu führen, dass sich die ganze Seminargruppe durch Ihr Vorgehen angegriffen fühlt.**

Gruppendynamik beachten

Denken Sie bitte auch daran, dass jede Reaktion Ihrerseits Auswirkungen auf die anderen, nicht direkt beteiligten Anwesenden hat. Ob sie froh sind, dass Sie endlich etwas unternehmen, ob sie über Ihre Reaktion irritiert, erstaunt oder gar erbost sind, ob sie sich selbst angesprochen fühlen, ist eine Frage, die davon abhängig ist, wie stark sie selbst bereits genervt sind, sich mit dem Angesprochenen solidarisieren und ein ähnliches Verhalten an den Tag legen. Wichtig ist auch, welche Beziehung Sie zu ihnen aufgebaut haben und wie motiviert die Teilnehmer sind.

ANGEMESSEN REAGIEREN

Bei Störungen können Sie nicht Stunde für Stunde tatenlos zusehen, wie sie immer stärker um sich greifen. Sie sollten aber auch nicht jede Kleinigkeit »sanktionieren«. Reagieren Sie aber rechtzeitig, denn je früher Sie reagieren, desto leichter fällt es Ihnen, die Arbeitsfähigkeit wieder herzustellen. Denken Sie auch daran: Wenn sich eine Störung erst einmal manifestiert, bedeutet es Zeit und Aufwand, sie wieder aus dem Weg zu schaffen.

Warten Sie deshalb nicht, bis Sie reagieren müssen, bis einzelne Teilnehmer dies von Ihnen fordern. Arbeiten Sie mit *Eskalationsstufen*. Je störender das Verhalten, je geringer die Bereitschaft der Teilnehmer, dies Verhalten einzustellen, desto deutlicher machen Sie, dass Sie das Verhalten nicht dulden.

Eskalationsstufe beachten

Folgende deeskalierende Maßnahmen stehen Ihnen zur Verfügung:

1. Nonverbales Signal geben
Suchen Sie die Nähe zu dem Teilnehmer, die stört. Nehmen Sie Kontakt mit ihm auf, suchen Sie den Blickkontakt mit ihm, nähern Sie sich seinem Platz, klopfen Sie kurz mit der Hand auf den Tisch des Teilnehmers. All dies sind Maßnahmen, die Sie früh einsetzen und die Sie sehr gut in der Intensität variieren können. Achten Sie dabei auf die Reaktionen Ihrer Teilnehmer, auf ihre Äußerungen, auf den Klang der Stimme, auf die Körpersprache.

Mit Körpersprache arbeiten

Weitere Möglichkeiten sind: Sie machen eine längere Sprechpause oder Sie verändern die Lautstärke. Das hilft nicht nur bei Nebenunterhaltungen, sondern in jeder Situation, in denen Teilnehmer unkonzentriert sind und sich mit anderen Dingen beschäftigen. Suchen Sie nach der Maßnahme, die am besten zur Situation passt: Drängt sich ein Teilnehmer etwa dauernd in den Vordergrund, können Sie sich vielleicht so setzen, dass er nicht mehr in Ihrem Blickfeld ist, und ihn ab und zu »übersehen«.

Sprechpause einlegen

2. Humorvoll reagieren
Falls es möglich ist und die Störung als »harmlos« einzustufen ist, können Sie versuchen, humorvoll darauf zu reagieren. Wenn alle mitlachen können, ist das Problem schnell aus der Welt geschafft. Allerdings: Alle müssen mitlachen können, keiner darf sich ausgelacht, diskriminiert oder bloßgestellt fühlen.

> **BEISPIEL**
> Die Diskussion ist hitzig, viele Teilnehmer reden durcheinander. Sie sagen: *Wir können zwar zusammen singen, aber nicht zur gleichen Zeit reden.*

Humor einsetzen Je angespannter die Situation, je mehr Gefühle im Spiel sind, je schlechter Sie die Situation einschätzen können, desto vorsichtiger sollten Sie mit humorvollen Bemerkungen sein. Vor allem wenn Teilnehmer gestresst oder genervt sind, kann es schnell vorkommen, dass sie eine vermeidlich witzige Bemerkung nicht verstehen. Vorbedingung ist, dass das Gruppenklima gut ist, die Teilnehmer Sie kennengelernt haben und sie auch Ihre Art des Humors verstehen. Trotzdem kann es immer auch mal wieder passieren, dass Teilnehmer etwas in den falschen Hals bekommen. Aufpassen sollten Sie bei Bemerkungen, die Teilnehmer als ironisch interpretieren könnten.

> **BEISPIEL**
> Ein Teilnehmer kommt zum zweiten Mal zu spät. Sie sagen: *Sie steigern sich. Heute waren Sie wieder zwei Minuten früher im Raum als gestern.*

Gerade wenn Gefühle im Spiel sind, wird Ironie oft nicht richtig verstanden.

> Ein Teilnehmer kommt wiederholt zu spät. Sie begrüßen ihn beim dritten Mal mit den Worten: *Na, Herr Schreiber, haben Sie den Schulungsraum wieder nicht gefunden?* Der Teilnehmer entgegnet: *Soweit ich mich erinnere, haben Sie uns am Montag ja ein gutes Beispiel gegeben, dass auch Trainer erst den Seminarraum suchen müssen.*
>
> Aber Achtung: Auch die Äußerung des Teilnehmers kann humorvoll gemeint sein oder auch ironisch-aggressiv.

3. Einbeziehen
Beziehen Sie die Teilnehmer ein. Fragen Sie nach ihren Erfahrungen, nach ihrer Situation, nach ihren Vorschlägen. Bei solchen Fragen können Sie einzelne Teilnehmer direkt ansprechen. Dies gilt allerdings nicht für Wissensfragen.

Teilnehmer fragen

4. Störung anmelden
Dabei machen Sie die Störung zum Thema im Seminar, ohne einzelne Teilnehmer anzusprechen.

> Die Teilnehmer sind zunehmend unruhig. Dann können Sie dies thematisieren: *Ich habe dass Gefühl, dass Sie langsam unruhig werden ...*

Lassen Sie sich Ihren Eindruck von den Teilnehmern bestätigen. Vielleicht haben die Teilnehmer ja eine andere Wahrnehmung. Bestätigt sich Ihr Eindruck, fahnden Sie nach den Gründen und überlegen Sie gemeinsam, was sie tun können.

Störung thematisieren

5. Regel aufstellen

Regelwerk — Eine weitere Möglichkeit ist, mit allen Teilnehmern darüber zu sprechen, dass Sie bestimmte Verhaltensweisen stören, und eine Verabredung mit ihnen zu treffen: *Mich stört, dass ... Ich möchte Sie deshalb bitten ...* Hängen Sie ein Bild mit einem Symbol für die Störung an die Wand, etwa ein durchgestrichenes Handy, dann brauchen Sie vielleicht nur auf das Bild zu zeigen.

6. Gruppe einbeziehen

Alle Teilnehmer ansprechen — Anstatt selbst eine Regel aufzustellen, können Sie auch mit der Teilnehmergruppe besprechen, wie sie mit bestimmten Verhaltensweisen umgehen möchte. Diese Maßnahme ist immer dann angesagt, wenn die ganze Gruppe oder zumindest ein Teil der Teilnehmer betroffen ist.

7. Direkt ansprechen

Personale Ansprache — Nächste Möglichkeit: Sie sprechen den Teilnehmer im Unterricht an. Voraussetzung dafür ist, dass Sie die Gründe seines Verhaltens einschätzen können und nicht fürchten müssen, mit dem Teilnehmer vor der gesamten Seminargruppe einen Schlagabtausch veranstalten zu müssen: *Herr Meister, ich möchte Sie bitten, die Zeitschrift wegzulegen. Ich kann mich bei meinem Vortrag nicht richtig konzentrieren, wenn ich sehe, dass Sie in der Zeitschrift blättern. In 10 Minuten mache ich ohnehin eine Pause, dann können Sie gerne weiterlesen.*

8. Pause anberaumen

Seminar unterbrechen — Eine Pause gibt Ihnen die Gelegenheit, noch einmal kurz über Ihre weitere Strategie nachzudenken, andere Teilnehmer um ihre Meinung zu bitten. Diese Pause sollte aber harmonisch in Ihren Unterricht eingebettet sein. Auf die Möglichkeit, abrupt den Unterricht zu unterbrechen, sollten Sie nur im Ausnahmefall zurückgreifen und den Teilnehmern dann auch erklären, warum Sie dies für notwendig halten: *Ich glaube, wir kommen im Moment mit der Diskussion nicht weiter. Lassen Sie uns eine Pause* machen. In zehn Minuten treffen wir uns wieder. Dann mache ich Ihnen einen Vorschlag zum weiteren Vorgehen.

9. Einzelgespräch suchen

Hilft dies alles nichts, sollten Sie das Gespräch mit dem Teilnehmer suchen, in der Pause, unter vier Augen. Erläutern Sie, was Sie beobachtet haben, beschreiben Sie, was für Gefühle dies bei Ihnen auslöst, fragen Sie nach, ob Ihre Wahrnehmung richtig ist, suchen Sie gemeinsam nach den Gründen, überlegen Sie, wie Sie die Störung aus dem Weg schaffen können. Zum Schluss des Gesprächs sollten Sie überprüfen, ob Ihre Bitte, ob der Vorschlag akzeptiert wird. Denn wenn dies nicht der Fall ist, wird sich die Störung über kurz oder lang wieder einschleichen.

Unter vier Augen

10. Grenzen setzen

Es gibt Verhaltensweisen, die kann man einfach nicht akzeptieren. Niemand muss sich anbrüllen lassen, niemand sich lächerlich machen lassen.

> **TIPP**
>
> Überlegen Sie, welches Verhalten Sie nicht akzeptieren können und wollen, etwa diskriminierende Witze.
> Machen Sie unmittelbar und unmissverständlich deutlich: Hier ist eine Grenze!

Sprechen Sie in solch einem Fall das Verhalten an, sagen Sie klar und deutlich, wie Sie die Situation empfinden, was Sie stört und welche Konsequenzen Sie daraus ziehen. Nützt dies nichts, überschreitet ein Teilnehmer die Grenzen des Akzeptablen, wird er gar ausfallend, sollten Sie möglichst sofort reagieren: sich das Verhalten verbieten, das Gespräch abbrechen, den Raum verlassen. Zugegeben, dies sind sehr massive Maßnahmen, auf die Sie vielleicht nie zurückgreifen müssen. Aber auch sie gehören zum Verhaltensrepertoire eines versierten Trainers – damit Sie in

Nicht alles gefallen lassen

wirklich jeder Situation zurechtkommen. Am besten gehen Sie in solch einer Extremsituation in drei Schritten vor:

Extremsituationen bewältigen

1. Machen Sie deutlich, dass Sie das Verhalten nicht akzeptieren, und fordern Sie Ihr Gegenüber auf, es unverzüglich einzustellen. Geben Sie wieder eine Begründung an. Sollte Ihr Gegenüber nicht reagieren, gehen Sie zum nächsten Schritt über.
2. Wiederholen Sie Ihre Aufforderung und zeigen Sie die Konsequenz auf. Diese Konsequenz sollte für den Teilnehmer unangenehm sein, damit er sich ernsthaft überlegt, ob er die Konsequenz tragen will. Dies kann bis zu einem Gespräch mit dem Vorgesetzten reichen.
3. Wenn der Teilnehmer auch dies nicht akzeptiert: Setzen Sie um, was Sie angekündigt haben, ohne Wenn und Aber. Denken Sie daran, dass die anderen Teilnehmer Ihr Verhalten beobachten und meist von Ihnen ein konsequentes Verhalten erwarten, besonders dann, wenn sie von dem Teilnehmer und seinem Verhalten selbst in Mitleidenschaft gezogen sind.

11. Von Teilnehmern trennen

Einschneidende Maßnahme

Falls Sie Schwierigkeiten mit einem Teilnehmer haben und dies die beste Lösung ist: Erlauben Sie dem Teilnehmer zu gehen. Einem Teilnehmer, der kein Interesse am Unterricht hat, der Sie und die anderen Teilnehmer stört, können Sie erlauben, das Seminar zu verlassen – entweder für den Tag, falls ihn nur ein Thema nicht interessiert, oder auch für den Rest des Kurses.

TIPP

Klären Sie aber mit dem Auftraggeber vorab, ob Sie dies dürfen, bei wem sich der Teilnehmer gegebenenfalls abmelden muss und welche Regelung es für die Teilnahmebescheinigung gibt, wenn die Person nur ausschnittsweise teilnimmt.

12. Gemeinsame Arbeit infrage stellen

Sie haben Probleme mit der Mehrheit der Teilnehmer. Sie sind unmotiviert, beteiligen sich nicht, stören demonstrativ, ziehen Ihren Unterricht ins Lächerliche. Falls Sie den Eindruck haben, dass eine sinnvolle Arbeit mit der Gruppe nicht möglich ist, können Sie den Sinn des Seminars infrage stellen.

> *Ich habe den Eindruck, dass Sie an dem Thema kein Interesse haben und auch gar nicht hören wollen, was ich zum Thema zu sagen habe. Deshalb eine Frage an Sie: Ist es denn überhaupt sinnvoll, dass ich mit meinem Thema weitermache?*

Diese Frage sollten Sie aber nur stellen, wenn Sie den Unterricht tatsächlich abbrechen wollen und können. Entscheidet sich die Gruppe dafür, den Unterricht fortzusetzen, sollten Sie mit ihr über die Wünsche der Teilnehmer sprechen, aber auch darüber, was Sie von den Teilnehmern erwarten: *Ich bin gerne bereit, den Unterricht mit Ihnen weiterzuführen. Wichtig wäre für mich aber dann, dass Sie ...* Sagen Sie den Teilnehmern, warum Sie diese Bedingung stellen.

Seminarfortführung diskutieren

Übrigens: Ein solcher Einschnitt im Unterricht ist immer eine gute Gelegenheit, mit den Teilnehmern eine neue gemeinsame Basis zu finden. Aber noch einmal: Dies gilt für den Notfall. Aber allein schon zu wissen, dass Sie zu solch rigorosen Maßnahmen greifen können, gibt Ihnen Sicherheit.

Gemeinsame Basis herstellen

UMGANG MIT STÖRUNGEN

1. **Ignorieren, nicht bestätigen**
   Blickkontakt meiden, kalte Schulter zeigen

2. **Situation ändern**
   Methodenwechsel, Teilnehmer umsetzen

3. **Kleine missbilligende Mimik und Gestik**
   Zweifelnder Blick, Lächeln vermeiden

4. **Deutlich missbilligende Mimik und Gestik**
   Stirnrunzeln, zweifelnde Gestik

5. **Indirekter Hinweis**
   Gibt es andere Meinungen? Kann es jemand treffender formulieren?

6. **Direkter Hinweis**
   Können Sie bitte zum Thema zurückkommen?

7. **Gespräch in der Pause**
   Ich habe eine Bitte an Sie ...

8. **Unterbrechung des Unterrichts, (gemeinsame) Klärung der Situation**
   Bevor wir weitermachen, möchte ich ...

SITUATION KLÄREN

Bei schwierigen Situationen brauchen Sie Zeit, um sich mit der Situation auseinanderzusetzen und für das richtige Vorgehen zu entscheiden. In der Situation selbst können Sie Zeit gewinnen, indem Sie die Interaktion entschleunigen, rückfragen, die anderen Teilnehmer einbeziehen, aber auch einfach bewusst langsam sprechen.

Solche Schwierigkeiten haben viel mit der eigenen Wahrnehmung zu tun. Deshalb empfiehlt es sich immer, erst einmal die eigene Sicht der Dinge zu überprüfen:

Eigene Sicht der Dinge prüfen

1. Überlegen Sie für sich, was Sie wahrgenommen haben. Trennen Sie bewusst Ihre Wahrnehmung von Ihren Interpretationen. Überlegen Sie, was vorher passiert ist. Auch hier ist die Frage, was Sie wahrgenommen haben, wie Sie dies interpretieren und welche Zusammenhänge Sie herstellen. Inwieweit greifen Sie bei der Interpretation auf Erfahrungen aus früheren Seminaren zurück? Sind die Situationen wirklich vergleichbar?
2. Fragen Sie Ihre Teilnehmer. Teilen sie Ihre Wahrnehmung oder haben sie einen anderen Eindruck? Dies können Sie in Pausengesprächen überprüfen, Sie können Ihre Wahrnehmung aber auch im Seminar thematisieren. Aber Vorsicht: Das kostet Zeit und fokussiert die Aufmerksamkeit der Teilnehmer vielleicht auf Probleme, die sie gar nicht haben.
3. Sie sprechen mit den »Verursachern«, also den Personen, die die Irritation bei Ihnen ausgelöst haben.
4. Lassen Sie sich also ein Feedback geben. Und wenn Sie Feedback erhalten, sollten Sie professionell damit umgehen.

Erstes Gebot: Zuhören.

RICHTIG ZUHÖREN

Nicht zuhören Es gibt viele Gründe, *nicht* richtig zuzuhören:

- Wir glauben die Antwort schon zu kennen.
- Wir suchen nur nach einem Stichwort, um das Gespräch wieder zu übernehmen.
- Wir meinen, wir wüssten es ohnehin besser.
- Wir wollen uns die Argumente des Gegenübers gar nicht erst anhören.
- Wir sind in Gedanken schon bei ganz anderen Dingen.

Die Welt des Teilnehmers betreten Gerade in emotionalen Situationen hören viele Menschen nicht richtig zu, weil sie schon mit der Formulierung der Erwiderung beschäftigt sind. Halten Sie sich mit eigenen (verbalen und nonverbalen) Kommentaren erst einmal zurück. Sie sind ganz bei Ihrem Gegenüber und versuchen ihn und seinen Standpunkt zu verstehen. Nur wenn Sie richtig zuhören, können Sie wirklich herausbekommen, was den Teilnehmer stört. Außerdem haben Sie Zeit nachzudenken. Reagieren Sie also nicht vorschnell und tun Sie die Kritik nicht mit einer Floskel wie *Das gehört hier nicht her*, einem Gegenangriff: *Sie wollen doch nur den Unterricht kaputt machen*, oder einem Gefühlsausbruch ab: *Das ist ja eine Unverschämtheit*.

Um zu kontrollieren, ob Sie den anderen richtig verstanden haben, und um ihm zu signalisieren, dass Sie bei der Sache sind, geben Sie das Gehörte in eigenen Worten wieder. Sie fassen das Gehörte kurz zusammen, versuchen es auf den Punkt zu bringen.

> *Wenn ich Sie richtig verstehe, meinen Sie also ...?*

BEISPIEL

Gelingt Ihnen dies, fühlt sich der Teilnehmer von Ihnen verstanden. Gelingt Ihnen das nicht, können Sie das Missverständnis unmittelbar klären. Auch hier halten Sie sich mit eigenen Kommentaren völlig zurück!

Äußerungen in eigene Worte kleiden

Sie können passiv zuhören und den Gesprächspartner vielleicht verunsichern, weil er keine Rückmeldung erhält. Und Sie können aktiv zuhören und zeigen, dass Sie zuhören. Aktives Zuhören bedeutet erst einmal, zu versuchen:

Zuhören ist nicht gleich Zuhören

- sich in die Lage des anderen hineinzudenken und hineinzufühlen,
- die Aussagen anhören und erfassen,
- das, was er wirklich zum Ausdruck bringen will, zu erschließen,
- eigene Interpretationen bewusst zurückstellen und
- die hinter den Äußerungen durchscheinenden Gefühle aufzuspüren.

Da Sie durch aktives Zuhören mehr über die Interessen, Motive und Wünsche Ihres Gesprächspartners erfahren, finden Sie schneller eine Lösung, die von Ihnen und ihm akzeptiert werden kann. Aktives Zuhören bedeutet aber auch, dem Gegenüber zu signalisieren, dass man an dem, was er sagt, Interesse hat. Dazu stehen verschiedene Mittel zur Verfügung:

Aktiv zuhören

FORMEN DES AKTIVEN ZUHÖRENS

■ **Aufmerksamkeitssignale:**
Im persönlichen Gespräch sehen Sie jemanden an oder Sie nicken mit dem Kopf. Dann weiß Ihr Gegenüber, dass Sie ihm zuhören und ihn verstehen. Sprachliche Äußerungen wie hm, ja und ach so, aber auch das Wiederholen bestimmter Schlüsselwörter, erfüllen denselben Zweck.

■ **Sachbezogene Bestätigungen:**
Durch Bestätigungen zeigen Sie Ihr Verständnis. Sie machen deutlich, dass Sie Ihrem Gegenüber folgen und das, was er sagt, nachvollziehen können. Beispiele für Bestätigungen sind Das versteh ich gut, Das war sicher nicht einfach und Das kann ich mir denken.

■ **Gefühlsbetonte Bestätigungen:**
Sie drücken die Stimmung Ihres Gesprächspartners in einem kurzen Satz aus. Sie ermuntern ihn dadurch, sich noch ausführlicher zu äußern: Das gefällt Ihnen sicher!

■ **Wiederholung mit eigenen Worten:**
Sie wiederholen den Kern der Aussagen Ihres Gegenübers. Sie variieren dabei die Art seiner Aussagen, nicht aber den Inhalt: Sie glauben, dass ...

■ **Zusammenfassende Wiederholung:**
Sie fassen die Aussage in wenigen Worten zusammen, Ihr Gesprächspartner kann dann Ihre Interpretation bestätigen. Beispiele: Habe ich richtig verstanden, dass ..., Das heißt also ..., Sie meinen damit ... Sie schaffen dadurch eine gute Basis für die Fortführung des Gesprächs. Denn Sie und Ihr Partner wissen, dass sie nicht aneinander vorbeireden. Zudem führt eine zusammenfassende Wiederholung oft dazu, dass der Gesprächspartner zusätzliche Aussagen zum Thema macht und seine Angaben präzisiert. In Zusammenfassungen sollten Sie die wesentlichen Punkte herausstellen und in Beziehung miteinander setzen.

■ **Klärende Fragen:**
Mit klärenden Fragen greifen Sie Worte und Aussagen auf und hinterfragen sie. Dadurch erhalten Sie oft wichtige Informationen über Motive und Einstellungen: Was meinen Sie mit »im Prinzip einverstanden«?

- **Weiterführende Fragen:**
Sie können sachbezogen oder gefühlsbezogen sein. Bei schwierigen Gesprächen erweisen sich gefühlsbezogene Fragen häufig als günstig, sie führen oft zu einer stärker emotional gefärbten Aussage und geben Hinweise, wie Ihr Gegenüber sich wirklich fühlt. Wichtig ist, dass diese Äußerungen möglichst wertfrei sind, ohne eigene Interpretation, ohne versteckte Ratschläge oder Vorwürfe, etwa: Ich überlege mir gerade, was Sie daran stört ... oder Was empfinden Sie, wenn ...?

NACHFRAGEN

Klären Sie den Sachverhalt. Fragen Sie nach. Der Vorteil in der Benutzung von Fragen liegt darin, dass Ihr Gegenüber überlegt, nachdenkt und reagieren muss. Außerdem erhalten Sie Informationen, mit denen Sie das Gespräch steuern können. Durch Ihr Fragen müssen Sie auch nicht direkt widersprechen und Sie ersparen sich Konflikte oder Probleme. Sehr nützlich sind dabei sogenannte *offene Fragen*, also Fragen, die Ihr Informationsbedürfnis ausdrücken und die die Basis für ein wirkliches Gespräch sind: *Welche Schlüsse haben Sie daraus gezogen?*

Offene Fragen bringen den Gesprächspartner dazu, zu erzählen. Für Sie ergibt sich eine willkommene Gelegenheit, sich selbst Gedanken zu machen, zum Beispiel über die Einstellung des Teilnehmers. Offene Fragen beginnen meist mit einem W-Fragewort: *Wie, Wann, Womit ...*

Offene Fragen

Es gibt eine Ausnahme: Vermeiden Sie das Fragewort Warum. Es kann als Vorwurf interpretiert werden. Beispiel: Warum haben Sie das gemacht?

Offene Fragen sind Schlüsselfragen, die in ein Gespräch führen. Sie sollten reichlich von dieser Frageform Gebrauch machen, auch und besonders bei der Klärung der Situation und bei schwierigen Gesprächen mit Teilnehmern. Aber es gibt natürlich noch weitere Fragearten:

Weitere Fragearten

- Die *geschlossene Frage* (Ja-/Nein-Frage) können Sie einsetzen, wenn es tatsächlich um eine Entscheidung geht: *Wollen Sie weiter am Seminar teilnehmen?* Geschlossene Fragen eignen sich gut zum Nachfragen.
- Bei der *Alternativfrage* werden zwei oder drei Alternativen zur Auswahl gestellt: *Wollen Sie weiter am Seminar teilnehmen oder an Ihren Arbeitsplatz zurückkehren?* Sie hat eine ähnliche Funktion wie die geschlossene Frage. Die Alternativfrage lässt sich zur Manipulation nutzen: Man kann mögliche Alternativen bewusst unerwähnt lassen. Beachten Sie das, wenn *Ihnen* eine Alternativfrage gestellt wird.
- Bei der *Rückfrage* wird die Frage des Gesprächspartners mit einer Gegenfrage beantwortet: *Wie ist denn Ihre Meinung dazu?* Was sich zunächst unhöflich anhört, macht Sinn, wenn Sie Ihren Gesprächspartner dazu motivieren wollen, sich selbst Gedanken zu machen oder seine Meinung zu sagen.

Fragearten in schwierigen Situationen

- Es gibt zwei besondere Formen von Fragen, die Ihnen besonders in schwierigen Situationen helfen: *Zirkuläre Fragen* sollen zu neuen Gedanken anregen. Sie fordern Ihr Gegenüber auf, etwas über die Situation aus der Perspektive eines anderen zu sagen – etwa eines neutralen Beobachters. Das Ziel: den Teilnehmer zu animieren, gewohnte Denkmuster zu verlassen und sich neue Perspektiven zu eröffnen. Ein Beispiel dazu: *Wie könnten die anderen Teilnehmer dies empfunden haben?*
- *Fragen zu hypothetischen Lösungen* schließlich dienen dazu, Situationen durchzuspielen und den Teilnehmer zu motivieren: *Mal angenommen, wir einigen uns darauf. Was könnten Sie dann zum Gelingen beitragen?*

GESPRÄCHSSTÖRER VERMEIDEN

Es gibt einige Verhaltensweisen, die jedes Gespräch behindern. In Situationen, in denen Gefühle mitspielen, sind sie besonders kritisch. Bitte vermeiden Sie die folgenden Gesprächsstörer!

SIEBEN GESPRÄCHSSTÖRER

Gesprächsstörer 1: Zu viel von sich selbst reden
Wer redet nicht gerne von sich selbst und wer hat es nicht gleichzeitig gern, dass man ihm zuhört? Natürlich sollten Sie sich an passender Stelle ins Gespräch einschalten, auch einmal was Persönliches von sich berichten, aber in Maßen. Was zu einer Verbesserung der Gesprächsatmosphäre führt, ist erlaubt. In erster Linie sollten Sie aber Ihren Gesprächspartner berichten lassen.

Gesprächsstörer 2: Ratschläge erteilen
Ratschläge können sinnvoll sein, mancher Gesprächspartner ist Ihnen vielleicht sogar dankbar dafür. Geben Sie Ratschläge aber nicht unaufgefordert, sondern immer sparsam und nur in Bereichen, in denen Sie sich auskennen. Ein negatives Beispiel ist: Sie müssen sich einfach mehr anstrengen, dann klappt das.

Gesprächsstörer 3: Herunterspielen und verharmlosen
Ihre Teilnehmer wollen mit Recht ernst genommen werden. Gegen dieses Gebot verstoßen Sie, wenn man Probleme herunterspielt oder verharmlost. Darum: Vermeiden Sie Aussagen wie *Das sollten Sie nicht so ernst nehmen.*

Gesprächsstörer 4: Ausfragen und dirigieren
Höflichkeit ist ein unbedingtes Muss in einer Schulung. Ausfragen und Dirigieren passen nicht zu einem höflichen Verhalten. Ein gutes Gespräch ist immer ein Gespräch zwischen zwei gleichwertigen Partnern. Falls Sie eine Frage stellen müssen, die sehr direkt ist, leiten Sie die Frage am besten durch eine vorsichtige Formulierung ein: *Wenn ich danach fragen darf, was ...*

Gesprächsstörer 5: Pauschales Interpretieren
Interpretieren ist an sich nichts Negatives. Wir interpretieren ständig die Aussagen anderer Menschen. Allerdings sollte man sich vor pauschalen Urteilen hüten, die dem Gesprächspartner nichts nützen, ihn sogar ärgerlich machen. Unbedingt vermeiden sollten Sie alles, was auf einen persönlichen Angriff hinausläuft!

Gesprächsstörer 6: Vorwürfe machen, moralisieren, verurteilen
Vorwürfe, Moralpredigten und Verurteilungen sollten nur im äußersten Notfall erfolgen, da Sie sich damit über den Gesprächspartner stellen und ihm in etwa Folgendes vermitteln: *Ich habe ein Recht, mich über dich zu stellen und dein Verhalten zu bewerten. Mein Urteil über Dich steht fest.*

Gesprächsstörer 7: Befehlen und drohen
Treiben Sie es lieber nicht auf die Spitze! – durch Befehle und Drohungen entsteht ebenfalls eine schiefe Gesprächsebene. Sie sind nicht immer zu vermeiden. Allerdings sollten Sie sich genau überlegen, wann Sie zu diesen Mitteln greifen. Denn Befehle und Drohungen vermitteln dem Gesprächspartner indirekt die Botschaft: *Ich darf dir drohen und dir Befehle erteilen. Das darfst Du nicht.* Die unvermeidliche Folge ist wieder eine Verschlechterung der Gesprächsatmosphäre.

Auf dialogorientierte Sprache achten

Mit den richtigen Worten lassen sich viele Irritationen vermeiden. Achten Sie deshalb darauf, wie Sie Informationen »verpacken.«

REDEWENDUNGEN, DIE EINFACH NUR ÄRGERN

- Da haben Sie mich falsch verstanden.
- Da täuschen Sie sich aber!
- Das ist doch unmöglich!
- Das gibt es nicht!
- Sie müssen doch einsehen ...

REDEWENDUNGEN, DIE DEN DIALOG ÖFFNEN

- Da muss ich mich aber unklar ausgedrückt haben.
- Kann das nicht ein Irrtum sein?
- Das überrascht mich.
- Sind Sie sicher?
- Können Sie sich vorstellen, dass ...

RICHTIG MIT FEEDBACK UMGEHEN

Erhalten Sie selbst eine Rückmeldung, achten Sie bitte auf fünf Punkte:

1. Hören Sie gut zu, lassen Sie das Gesagte auf sich wirken. Hören Sie sich die Eindrücke und Anregungen des Teilnehmers in Ruhe an. Denken Sie darüber nach. Sie müssen nicht sofort darauf reagieren. Schreiben Sie sich wichtige Punkte als Stichwörter auf. Und denken Sie tatsächlich darüber nach. Verfallen Sie nicht in eine Bequemlichkeitshaltung nach dem Motto: *Das kenne ich an mir, da ist nun wirklich nichts dran zu ändern.*

    Rückmeldungen eröffnen Dialog

2. Fragen Sie bei Unklarheiten nach. Damit dokumentieren Sie Ihr Interesse an der Meinung Ihres Gesprächspartners und bekommen ein genaueres Bild. Arbeiten Sie auch hier

Feedbackregeln

wieder mit offenen Fragen, etwa: *Was meinen Sie genau damit?*

3. Vermeiden Sie Diskussionen. Denken Sie daran, dass andere eine andere Wahrnehmung haben und es sinnlos ist, darüber zu debattieren, wer recht hat. Recht gibt es in der Wahrnehmung nicht. Verdeutlichen Sie sich darum, dass Ihr Verhalten von unterschiedlichen Menschen unterschiedlich wahrgenommen wird. Versuchen Sie herauszubekommen, wie dieser Eindruck entstanden ist und wie Sie dies steuern können. Denken Sie an das russische Sprichwort: *Wo zwei zusammen sind, sind sechs dabei: Der eine, der andere. Die Vorstellung, die der eine vom anderen hat, die Vorstellung, die der andere vom anderen hat, die Vorstellung, die der eine von sich hat, die Vorstellung, die der andere von sich hat.*

4. Lenken Sie nicht ab. Wenn Sie ein Feedback bekommen, sollten Sie nicht nach Argumenten suchen, die die Verantwortung von Ihnen nimmt.

> **BEISPIEL**
>
> Teilnehmer: *Ich hatte mir mehr Tipps für die Praxis versprochen.* Wenn Sie antworten: *Die meisten Teilnehmer stammen ja aus dem Servicebereich, andere aus dem Verkauf, das ist es schwierig, es allen recht zu machen,* dann lenken Sie ab. Der Teilnehmer möchte seine Wünsche berücksichtigt sehen, und er hat ein Recht darauf. Deshalb kann es nur um die Frage gehen, wie Sie seinen Bedürfnissen mehr Raum schenken können.

5. Verfallen Sie nicht in eine Verteidigungshaltung. Erstens dient dies nicht der Sache und zweitens erreichen Sie damit wahrscheinlich das Gegenteil von dem, was Sie wollen, nämlich auch in Zukunft ein ehrliches Feedback von Ihren Teilnehmern zu erhalten.

Ein letzter Punkt: Jemand anderem ein Feedback zu geben, fällt vielen Menschen schwer. Seien Sie deshalb dankbar, wenn Sie ein solches Feedback erhalten und drücken Sie diesen Dank auch aus. Ihr Gegenüber wird sich freuen und eher bereit sein, Ihnen bei nächster Gelegenheit wieder seine Meinung anzuvertrauen.

Jedes Feedback ist nützlich

STÖRUNG ANMELDEN

Oft ist es der beste Weg, bei Störungen direkt auf den Seminarteilnehmer zuzugehen und mit ihm zu sprechen.

FEEDBACK GEBEN

Feedback bedeutet nichts anderes, als dem Teilnehmer eine Rückmeldung zu geben, wie Sie sein Verhalten wahrnehmen und empfinden. Dies ist nicht immer direkt möglich, weil zum Beispiel jemand (wiederholt) zu spät kommt und Sie den Unterricht nicht unterbrechen wollen oder Sie ein Einzelgespräch für günstiger halten als eine Auseinandersetzung vor den anderen Teilnehmern. Nutzen Sie dann die nächste Gelegenheit, etwa die Pause.

Ihnen kann man einfach nichts recht machen – Feedback enthält zu oft eine Wertung. Deshalb ist es wichtig, dass man das Feedback in der richtigen Form gibt. Das ist oft die Voraussetzung für die Aufnahme des Feedbacks.

Fehler beim Feedback

FEHLER BEIM FEEDBACK	REGEL
Sie geben das Feedback in der Sie-Form wieder. Das hört sich schnell wie ein Vorwurf oder Angriff an. Außerdem blendet man aus, dass es sich hier erst einmal nur um die eigene Meinung und die persönliche Sichtweise handelt – und darum vielleicht um ein Vor-Urteil.	Geben Sie Feedback in der Ich-Form: *Ich habe den Eindruck, ...*
Sie kritisieren pauschal. Pauschale Kritik nützt aber wenig, weil sie nicht konkret genug ist. Man kann nur konkrete Dinge ändern.	Erläutern Sie am Beispiel, was Ihnen aufgefallen ist und wie Sie dies bewerten.
Sie kritisieren ohne Verbesserungsvorschläge. Kritik allein hilft dem anderen wenig.	Sagen Sie immer auch, was Sie gern geändert sehen würden und welche Vorteile dies für den anderen mit sich bringen würde.
Sie stellen nur die negativen Aspekte in den Mittelpunkt.	Kritik und Anerkennung gehören zusammen. Deshalb sollten Sie auch die positiven Dinge erwähnen.

Feedback »richtig« geben

Bevor Sie Feedback geben, sollten Sie sich zwei Fragen stellen:

1. *Ist der Teilnehmer im Moment in der Lage, das Feedback anzunehmen?* Denn gerade in sehr emotionalen Situationen, etwa direkt nach einem Streit, kann dies fraglich sein, weil der Teilnehmer noch sehr stark mit seinen Gefühlen beschäftigt ist. Dann ist es sinnvoll, ihm etwas Zeit zu geben, Zeit, in der er sich mit der Situation beschäftigen und sich beruhigen kann. Dasselbe gilt natürlich auch für Sie: Sind Sie so in Ihren momentanen Gefühlen verhaftet, dass

Sie Schwierigkeiten haben, eine sachliche und freundliche Rückmeldung zu geben, sollten Sie das Feedback vielleicht besser auf einen späteren Zeitpunkt verschieben.
2. *Ist das Feedback wirklich hilfreich?* Wollen Sie vielleicht nur Ihren eigenen Ärger loswerden? Ermöglichen Sie dem Teilnehmer eine Veränderung seines Verhaltens?

Ein gutes Feedback besteht aus vier Teilen: Beschreiben Sie zuerst das *Verhalten*, wie Sie es wahrgenommen haben. Arbeiten Sie hierbei mit Ich-Botschaften.

Die vier Teile guten Feedbacks

Frau Schneider, mir ist aufgefallen, dass Sie sich mehrfach mit Ihrer Nachbarin, Frau Klose, unterhalten haben.

Beschreiben Sie, was Ihnen aufgefallen ist, und beschreiben Sie Ihre Eindrücke. Vermeiden Sie dabei die Interpretation des Verhaltens. Wenn ein Teilnehmer damit kämpft, wach zu bleiben, und Sie ihn darauf ansprechen, können Sie von Ihrer Beobachtung sprechen, dass ihm die Augen zufallen – oder davon, dass er schläft. Das Zweite ist aber bereits eine Interpretation.

Eindrücke beschreiben

Frau Schneider, mir ist aufgefallen, dass Sie heute sehr unkonzentriert sind: Dieser Satz beinhaltet neben der Interpretation auch noch eine Wertung. Eine sachliche Beschreibung ohne Interpretation, ohne Bewertung und ohne Schuldzuweisung gelingt nicht immer auf Anhieb. Aber Sie können das üben – und Ihren Eindruck natürlich auch in eine Frage verpacken: *Frau Schneider, stimmt mein Eindruck, dass Sie ...?*

Reaktion schildern Nachdem Sie das Verhalten beschrieben haben, thematisieren Sie nun Ihre *Reaktion* und die *Gefühle*, die dieses Verhalten bei Ihnen auslöst, zum Beispiel: *Das irritiert mich.*

Folgen schildern In einem dritten Schritt beschreiben Sie die *Folgen*, wie Sie sie sehen und wie Sie sie befürchten.

> **BEISPIEL**
> *Ich kann mich dann nicht mehr richtig auf meinen Unterricht konzentrieren. Und ich glaube, den anderen Teilnehmern geht es genauso.*

Wunsch äußern Und dann verbinden Sie dies in einem vierten Schritt mit einem Wunsch an den Teilnehmer.

> **BEISPIEL**
> *Deshalb wünsche ich mir, dass Sie die Nebengespräche auf die Pause verschieben. Wenn es sich um Fragen zum Unterricht handelt, können Sie sich gerne melden.*

Feedback mit Frage Eine weitere Möglichkeit: Verbinden Sie die Schilderung Ihrer Eindrücke mit einer Frage. Eine Frage hat mehrere Vorteile: Sie zeigen, dass Sie mit dem Teilnehmer ins Gespräch kommen wollen, dass Sie an seiner Einschätzung interessiert sind. Gleichzeitig drücken Sie mit der Frage Ihre Fürsorge aus: *Frau Schneider, mir ist aufgefallen, dass Sie sich heute wenig beteiligen, und dass, wo Sie gestern so viele gute Beiträge geliefert haben.* Ein weiterer Vorteil: Sie können Ihre eigene Wahrnehmung und Ihre Urteilsfähigkeit überprüfen. Denken Sie daran, dass die Wahrnehmungsfähigkeit leiden kann, wenn Gefühle ins Spiel kommen.

BEISPIEL FÜR EIN GELUNGENES FEEDBACK IN VIER SCHRITTEN

1. Frau Schneider, mir ist aufgefallen, dass Sie sich mehrfach mit Ihrer Nachbarin, Frau Klose, unterhalten haben.
2. Das irritiert mich.
3. Ich kann mich dann nicht mehr richtig auf meinen Unterricht konzentrieren. Und ich glaube, den anderen Teilnehmern geht es genauso.
4. Deshalb wünsche ich mir, dass Sie die Nebengespräche auf die Pause verschieben. Wenn es sich um Fragen zum Unterricht handelt, können Sie sich gerne melden.

Achten Sie beim Geben von Feedback bitte immer auf folgende Punkte:

- Geben Sie Feedback zeitnah. Feedback sollte immer so zeitnah wie möglich erfolgen, möglichst in der Situation selbst. Es nützt nichts, kritische Punkte zu sammeln und dann einen Teilnehmer mit einer umfänglichen und massiven Kritik zu überfallen. Wenn Ihnen etwas auffällt, sollten Sie es möglichst umgehend ansprechen.
- Stellen Sie etwas Positives an den Anfang. Falls möglich, nutzen Sie als Einstieg eine *Hut-ab-Formulierung*. Stellen Sie heraus, was Sie gut finden. Ein bestimmtes Verhalten eines bestimmten Teilnehmers führt meist dann zu einer Irritation, wenn es zu massiv auftritt. Beispielsweise sehen Sie einen aktiven Teilnehmer, der sich häufig zu Wort meldet, sicherlich nicht ungern. Wenn er sich aber dauernd meldet, ungefragt seine Meinung einwirft, zu langen und langweiligen Monologen ausholt, dann kann dies zu einer Störung werden. In solche einem Fall können Sie erst das

Feedbackregeln:
Hut-ab-Formulierung

Positive herausstellen und daran Ihren Wunsch anknüpfen: *Herr Meister, ich freue mich, dass Sie so aktiv sich am Unterricht beteiligen. Ich möchte Sie aber bitten ...*
- Achten Sie auf die richtige Formulierung. Achten Sie auf Ihre Wortwahl und besonders auf negativ besetzte Begriffe. Verzichten Sie auf die Wörter *nie, nicht, keine* und Wörter wie *Probleme, Schwierigkeiten, unmögliches Verhalten, Unverschämtheit.* Vermeiden Sie alles, was sich irgendwie nach einer Anklage anhört.

Nie die Person kritisieren!
- Prüfen Sie, ob Ihr Feedback richtig ankommt. Achten Sie auf die Reaktion des Teilnehmers. Überprüfen Sie, ob er Ihre Botschaft so verstanden hat, wie Sie sie gemeint haben. Wenn Sie unsicher sind, fragen Sie nach.
- Kritisieren Sie das Verhalten, nie die Person. Über den Menschen können und sollten Sie kein Urteil fällen. Das wäre immer pauschal, führt leicht zu einer Kränkung und nützt Ihnen in der Situation auch nichts. Benennen Sie das konkrete Verhalten und was Sie daran stört.
- Seien Sie vorsichtig mit Vergleichen. Vergleichendes Feedback ist immer problematisch, vor allem, wenn man verschiedene Seminarteilnehmer miteinander vergleicht. Bei solchen Vergleichen steht einer immer negativ da.

MIT MANGELNDER FEEDBACKFÄHIGKEIT UMGEHEN

Nicht alle Menschen sind daran gewöhnt, Feedback zu erhalten, und mancher hat seine Schwierigkeiten mit einer direkten Rückmeldung. Darum müssen Sie mit den folgenden Verhaltensweisen rechnen:

- Der Teilnehmer hört nicht richtig zu. Dies ist ein häufig auftretendes Phänomen, weil unser Gehirn bei vermeintlicher Kritik darauf getrimmt ist, sofort Einwände geltend zu machen. Schnell hört der Teilnehmer dann nur so lange zu, bis er den »Vorwurf« verstanden zu haben glaubt. Und dann schaltet er auf die Formulierung einer Entgegnung um. Sobald Sie dies merken, sollten Sie den Teilnehmer erst einmal reden lassen und dann behutsam auf sein Feedback reagieren.

- Der Teilnehmer lehnt die Rückmeldung ab. Meist geschieht dies in sehr pauschaler Form, etwa: *Das können Sie doch gar nicht beurteilen.* Fangen Sie nicht an, mit dem Teilnehmer zu streiten. Das lohnt nicht und bringt das Gespräch auch nicht weiter. Fragen Sie vielmehr nach. *Was kann ich Ihrer Meinung nach nicht beurteilen? Warum glauben Sie das?* Damit zeigen Sie das Gesprächsverhalten, das Sie sich auch von Ihrem Gegenüber wünschen.

    Mangelnder Feedbackfähigkeit begegnen

- Der Teilnehmer verteidigt sich vehement. Hören Sie erst einmal in Ruhe zu, fragen Sie bei Unklarheiten nach. Machen Sie deutlich, dass Sie seine Sichtweise verstehen, zeigen Sie aber auch anhand der Fakten auf, was Sie konkret bemängeln.

- Der Teilnehmer beginnt sich zu entschuldigen. Entschuldigungen werden gerne dazu benutzt, sich nicht weiter mit einer Sache auseinandersetzen zu müssen. Gehen Sie in diesem Fall nicht groß auf die Entschuldigung ein, sondern lenken Sie das Gespräch auf Möglichkeiten, weitere Probleme zu vermeiden.

    Lösungsorientiert vorgehen

- Der Teilnehmer flüchtet in die Opferrolle oder verzieht sich in den Schmollwinkel: *Ich wollte ja gar nicht. Aber die anderen …* Fragen Sie nach. Arbeiten Sie heraus, worin sein Anteil liegt.

METAKOMMUNIKATION EINSETZEN

Kommunikations- Viele Probleme im Seminar sind Kommunikationsprobleme:
probleme

- Teilnehmer verstehen etwas anders, als es gemeint war. Die Folge sind Missverständnisse.
- Teilnehmer reden nicht miteinander. Die Folge sind Abgrenzungen.
- Teilnehmer reden negativ über andere. Die Folge sind Ausgrenzungen.

Wir gehen meist als Selbstverständlichkeit davon aus, dass Gesprächspartner und natürlich auch unsere Teilnehmer uns problemlos verstehen. Zwischen dem, was man denkt, und dem, was man sagt, und erst recht dem, was beim anderen ankommt, kann es aber große Unterschiede geben. Ein typisches Beispiel im Seminar sind die Diskussionen, die es oft zu Beginn der Gruppenarbeit gibt: Niemand weiß so recht, was denn eigentlich getan werden soll – obwohl der Trainer sicher ist, sich doch ganz klar und unmissverständlich ausgedrückt zu haben.

BEISPIEL

Sie begrüßen einen Teilnehmer, der am Vortag zu spät gekommen ist, mit den Worten *Sie sind ja pünktlich!* Sie meinen es freundlich, der Teilnehmer versteht die Anmerkung als Ironie. Er antwortet mit einer spitzen Bemerkung, Sie denken *Mein Gott, ist der empfindlich.*

Darüber reden, Zur Wahrnehmung kommt immer eine Interpretation, und diese
wie man Interpretation ist immer auch abhängig vom Kontext. So entste-
miteinander redet hen Kommunikationsprobleme, die Sie nur dann aus dem Weg schaffen, wenn Sie versuchen die Kommunikation wieder herstellen. Eine gute Hilfe dabei ist die *Metakommunikation*. Metakommunikation bedeutet, darüber zu reden, wie man miteinan-

der redet, und die Kommunikationssituation zu klären. Bildlich gesehen verlässt man die Kommunikationsebene und begibt sich eine Ebene höher, um die eigene Kommunikation aus der Distanz betrachten zu können.

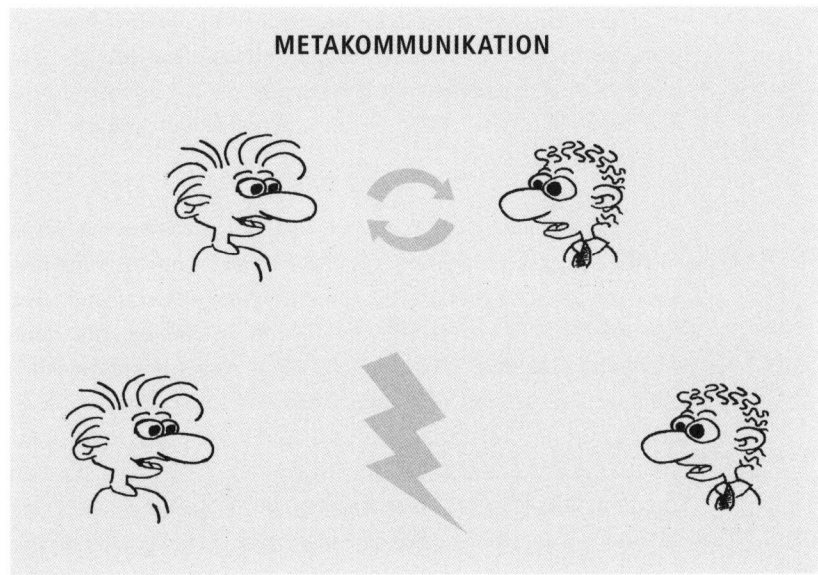

Metakommunikation können Sie immer dann einsetzen, wenn Sie mit der Art und Weise der Kommunikation nicht einverstanden sind, Missverständnisse befürchten und die Gespräche in eine andere Bahn lenken möchten. Leiten Sie sie mit dem folgenden Satz ein: *Ich würde mich gern einmal mit Ihnen unterhalten, wie wir miteinander umgehen.* Für die Metakommunikation gelten dieselben Regeln wie für das Feedback.

Missverständnisse vermeiden

PROBLEME BESPRECHEN

Tauchen Probleme mit einem einzelnen Teilnehmer im Unterricht auf, sollten Sie mit ihm in der Pause oder am Abend ein Gespräch unter vier Augen führen. Denn oft hilft nur ein klärendes Wort, die Probleme müssen konkret ange- und besprochen werden. Das fällt den meisten Menschen schwer, denn eine ehrliche Rückmeldung ist immer mit gewissen Risiken verbunden: dass der andere Sie missversteht, Sie missverstehen will oder gar nicht hören will, was Sie zu sagen haben.

Das Problemlösungsgespräch

Je länger Probleme im Raum stehen, desto schwieriger kann solch ein Gespräch werden. Das liegt daran, dass (zu) viele Gefühle mit im Spiel sind, Enttäuschungen, Wut, Frust. Gleichzeitig lassen sich auch andere Schwierigkeiten im Seminar nur dann nachhaltig aus dem Weg räumen, wenn man gemeinsam nach Lösungen sucht. Ziel ist es, einerseits Missverständnisse aufzuklären und die Störung abzustellen, andererseits aber auch wieder eine gute Ausgangsbasis für die weitere Zusammenarbeit zu schaffen. Dies lässt sich nur erreichen, wenn Sie auf der Sachebene eine Lösung finden, die den Interessen aller Beteiligten entspricht und auf der Beziehungsebene wieder eine offene Kommunikation sicherstellt.

Emotionale Dimension

Das Besondere an solchen Problemgesprächen ist deren emotionale Dimension. Es geht nicht nur um die Sachebene, sondern auch und vor allem um die Beziehungsebene. Je besser Sie es verstehen, sich Ihrem Gesprächspartner zuzuwenden, desto schneller werden Sie zu einer sachlichen Auseinandersetzung gelangen. Wichtig sind deshalb vor allem eine akzeptierende Grundhaltung, eine sachliche Darstellung des Problems und eine präzise Beschreibung Ihrer Beobachtungen. Bleiben Sie bei der Auseinandersetzung zudem sachlich. Rundumschläge nach dem Prinzip *Was ich überhaupt schon immer einmal sagen wollte ...* verringern die Chancen auf eine akzeptable Lösung. Weisen Sie

Ihren Gesprächspartner ruhig auf mögliche Folgen seines Fehlverhaltens hin. Wenn Sie dies in angemessener Form tun, so bringen Sie ihn dadurch wahrscheinlich zum Nachdenken – und vielleicht zur Einsicht.

CHECKLISTE ZUR GESPRÄCHSVORBEREITUNG

Zielsetzung	■ Was will ich erreichen? ■ Was muss ich mindestens erreichen? ■ Was will ich vermeiden?
Teilnehmer	■ Wie sieht seine Situation aus? ■ Welche Sicht hat er? ■ Wo liegen die Bedürfnisse?
Gesprächsführung	■ Was muss ich von ihm wissen? ■ Welche Informationen gebe ich? ■ Welche Argumente will ich vorbringen?
Aufbau	■ Wie beginne ich das Gespräch? ■ Wo stecken die kritischen Punkte? ■ Wie gehe ich damit um? ■ Was soll am Ende herauskommen?

Der Erfolg eines Problemgesprächs selbst hängt von der richtigen Gesprächsatmosphäre und Ihrem Verhalten im Gespräch ab.

> **MERKPOSTEN BEI PROBLEMGESPRÄCHEN**
>
> - ruhige Atmosphäre schaffen
> - freundlichen Gesprächseinstieg wählen
> - Aufmerksamkeit und Interesse zeigen
> - hauptsächlich zuhören
> - sich zunächst aller Kritik enthalten
> - kein Chefgehabe an den Tag legen
> - nicht drängen
> - keine Verhörsituation schaffen
> - keine abfälligen Bemerkungen äußern
> - auf Gefühlsäußerungen behutsam eingehen
> - Gemeinsamkeiten herausstellen

Aufbau des Problemlösungsgesprächs

Bei den meisten Problemgesprächen ist der Aufbau vergleichbar. Solche Gespräche bestehen zum einen aus einer Rückschau mit einer Beschreibung und Bewertung der Vorgeschichte und des Ist-Zustandes durch die Gesprächspartner. Und zum anderen aus einer Vorschau mit einer gemeinsamen Beratung und einem gemeinsamen Beschluss. Dabei hat sich ein siebenstufiger Aufbau bewährt.

Stufe 1: Gespräch einleiten

Um Gespräch bitten

Sie gehen auf den Teilnehmer zu und bitten ihn um ein Gespräch. Nennen Sie das Thema, vielleicht auch die Zeit, die Sie brauchen. Suchen Sie einen Ort auf, wo Sie ungestört sind.

Formulieren Sie Ihr Anliegen möglichst als Frage und setzen Sie den Akzent auf die weitere Zusammenarbeit. Achten Sie darauf, dass Sie nicht gleich mit negativ besetzten Begriffen wie *Problem* oder *Fehlverhalten* das Gespräch beginnen. Erwähnen Sie, warum es für Sie wichtig ist, die Situation zu klären.

> *Frau Fleischer, ich würde gerne mit Ihnen kurz darüber sprechen, wie wir solche Situationen wie gerade im Seminar in den nächsten Tagen vermeiden können. Haben Sie einen Moment Zeit? Dann können wir uns dort in die Ecke setzen.*

Stufe 2: Situation klären
Schildern Sie aus Ihrer Sicht das Problem (Ärger, Frust etc.). Halten Sie sich dabei strikt an die Regeln des Feedbacks. Sie sollten Ihre Gefühle und Gedanken möglichst ohne Vorwurf zur Sprache bringen. Weisen Sie besonders darauf hin, dass Sie Ihre Sicht der Dinge schildern, die sich mit der Ihres Teilnehmers in keiner Weise decken muss. Bitten Sie den Teilnehmer dann um seine Stellungnahme. Fragen Sie so lange nach, bis Sie sicher sind, die Beweggründe des Teilnehmers verstanden zu haben. Dann ziehen Sie ein Resümee und halten die Gemeinsamkeiten in der Einschätzung der Situation, aber auch die Unterschiede fest.

Feedbackregeln beachten

Stufe 3: Ursachen ermitteln
Ich habe es bereits erwähnt: Probleme im Seminar haben immer einen sachlichen und einen emotionalen Anteil. Deshalb als erster Hinweis für den Umgang mit Problemen: Lassen Sie sich nicht auf langwierige Diskussionen der sachlichen Aspekte ein. Fragen Sie sich und Ihre Teilnehmer nach den Gefühlen, die dahinterstecken. Besonders schwierig kann die Suche nach den Ursachen bei Konflikten zwischen zwei Teilnehmern werden. Dann hilft nur eine detaillierte Analyse der Vorgeschichte und des aktuellen Konflikts.

Konfliktanalyse

FRAGEN ZUR KONFLIKTANALYSE

- Seit wann existiert die Konfliktsituation?
- Wer ist am Konflikt beteiligt? Direkt und indirekt, früher und jetzt?
- Wie ist der Konflikt entstanden?
- Was werfen die Teilnehmer der anderen Partei vor?
- Was provoziert und ärgert die Teilnehmer?
- Wo sehen die Teilnehmer ihren eigenen Anteil am Konflikt, wo den des Gegenübers?
- Was sind die positiven Seiten des Konflikts?
- Wie könnte die Basis einer weiteren Zusammenarbeit aussehen?
- Welches Verhalten müssten die Konfliktbeteiligten dann aufgeben, was müssten sie zu tolerieren lernen?

Faule Kompromisse vermeiden Voraussetzung für eine faire Konfliktlösung ist zudem der Wunsch aller Beteiligten, den Konflikt ein für allemal aus dem Weg zu räumen. Wer nicht wirklich an einer Konfliktlösung interessiert und zu Kompromissen bereit ist, wird die Lösung direkt oder indirekt verhindern. Außerdem kommt es sonst rasch zu oberflächlichen »faulen« Kompromissen, die nur wieder zu neuen Konflikten führen. Deshalb müssen erst die Voraussetzungen bei allen Konfliktparteien geklärt werden. Wie sieht es aus mit:

- gemeinsamen Zielen,
- Interesse an einer Konfliktlösung,
- Kompromissbereitschaft,
- Respekt, Vertrauen und
- Offenheit?

Diese Forderungen sind nicht einfach zu erfüllen, vor allem, wenn der Konflikt schon lange schwelt und die Situation schon sehr verfahren ist. Aber dennoch sind diese Faktoren von entscheidender Bedeutung.

Stufe 4: Gemeinsame Lösung finden
Gleichen Sie schließlich die verschiedenen Sichtweisen gegeneinander ab. Formulieren Sie klar, was sich für Sie ändern muss, welche Erwartungen Sie stellen, was Sie sich für die Zukunft wünschen und welchen Beitrag Sie selbst dazu leisten werden. Und äußern Sie Ihre Wünsche für die weitere Zusammenarbeit: *Ich möchte gerne, dass ...* Diese Wünsche sollten so konkret wie möglich formuliert sein. Fragen Sie Ihren Teilnehmer, was er sich von der anderen Konfliktpartei und auch von Ihnen wünscht. Verzichten Sie auf Schuldzuweisungen und vorschnelle Urteile. Geben Sie eigene Fehler und Schwächen zu. Führen Sie keine Endlosdebatten, sondern leiten Sie das Gespräch auf eine konstruktive Lösung hin.

Konstruktiv vorgehen

Stufe 5: Auf Interessen konzentrieren
Problemlösungen sind nur dann tragbar, wenn sie nicht gegen zentrale *Interessen* oder grundlegende Vorstellungen der Beteiligten gerichtet sind. Das heißt: Jeder Mensch hat Bedürfnisse und Interessen, die natürlich auch in Konflikten zum Tragen kommen. Deshalb wird eine zufriedenstellende Lösung in den Augen der Beteiligten nur möglich sein, wenn sie den eigenen Interessen möglichst vollständig Rechnung trägt. Das bedeutet aber auch: Je zentraler die Interessen, desto geringer der Spielraum. Für eine erfolgreiche Problemlösung ist es wichtig, diese Interessen zu kennen und zu wissen, welche Interessen welche Bedeutung für eine Person haben. Erst dann ist ein Interessenausgleich möglich, der so ausschaut:

Interessenausgleich

1. Die zentralen und wichtigen Interessen der einzelnen Parteien werden möglichst vollständig berücksichtigt.
2. Bei weniger wichtigen Punkten ist ein Entgegenkommen möglich. Dies trägt dazu bei, dass die Parteien beim »Gegner« ein Entgegenkommen wahrnehmen. Und dies trägt wiederum dazu bei, dass die eigene Kompromissbereitschaft wächst.

Stufe 6: Vereinbarung treffen

Gemeinsamen Nenner finden Am Ende einer solchen Auseinandersetzung sollten Sie unbedingt gemeinsam eine Vereinbarung treffen. Schreiben Sie sie, wenn nötig, auf. Finden Sie keinen gemeinsamen Nenner, halten Sie das Zwischenergebnis fest. Es ist dann Ausgangspunkt für ein weiteres Gespräch.

Konkret verbleiben Je konkreter diese Vereinbarung, desto besser kann im Nachgang kontrolliert werden, ob die Vereinbarung von den Parteien eingehalten wurde, und desto weniger Streit gibt es anschließend um die Auslegung der Vereinbarung. Und sichern Sie am Ende noch einmal ab, dass alle Beteiligten hinter der Vereinbarung stehen. Sonst sind sie nicht motiviert genug, sie auch umzusetzen. Hinzu kommt: Sie sollten nach dem Gespräch nicht mehr auf die Auseinandersetzung anspielen. Sie haben eine Lösung gefunden, und damit ist die Sache erledigt.

Stufe 7: Gespräch abschließen

Unterredung positiv abschließen Sorgen Sie für einen positiven Gesprächsabschluss. Am Ende sollte bei den Beteiligten die Zuversicht vorherrschen, dass gemeinsam eine faire und tragfähige Lösung gefunden wurde.

BASISKOMPETENZ: FÜHREN VON PROBLEMGESPRÄCHEN

1. Gesprächsbeginn	■ Gesprächsanlass und Formalziel nennen ■ Die positiven Aspekte und Gemeinsamkeiten herausheben
2. Problemdefinition	■ Problem als Frage formulieren und beschreiben ■ Die Notwendigkeit der Lösung ansprechen ■ Situation aus eigener Sicht sachlich und offen schildern ■ Verständnis für die eigene Situation und Sichtweise wecken ■ Übereinstimmungen in der Einschätzung der Situation sicherstellen, um Stellungnahme bitten
3. Problemdiskussion	■ Vorgehensweise vorschlagen oder gemeinsam erarbeiten ■ Informationen zusammentragen, Fakten von Meinungen trennen ■ Informationen strukturieren, Unwichtiges streichen ■ Informationslücken suchen und schließen ■ Teilergebnisse festhalten
4. Lösungssuche	■ Lösungsansätze entwickeln, abschätzen, bewerten ■ Konsequenzen durchspielen
5. Entscheidungsfindung	■ Gemeinsam die beste Lösung auswählen ■ Akzeptanz bei Gesprächspartner erfragen
6. Umsetzung	■ Wie wird das Ergebnis umgesetzt?
7. Gesprächsabschluss	■ Ergebnis zusammenfassen und festhalten.

ZUM GUTEN SCHLUSS

Neue Gruppe, neue Herausforderung

Jeder Unterricht ist einmalig, jede neue Seminargruppe ist wieder eine neue Herausforderung – an Ihr Können und an Ihre Kompetenz als Trainer. Das ist das Schöne, gleichzeitig Spannende und Herausfordernde an einer Schulung.

Schwierige Seminarsituationen relativieren sich

Nicht immer klappt das Zusammenspiel so gut, wie Sie es sich wünschen. Das ist normal. Dazu sind zu viele Unwägbarkeiten mit im Spiel. Andererseits: Schwierige Situationen schwinden mit der Zeit. Je mehr Erfahrungen Sie als Trainer haben, je mehr Sie sich mit unterschiedlichen Teilnehmern beschäftigt haben, desto weniger Situationen werden Sie als schwierig empfinden.

Achten Sie bitte auch darauf, dass Sie sich nicht für alles verantwortlich machen: Sie müssen nicht perfekt sein, es darf auch mal was schief- gehen. Und Sie müssen es nicht allen recht machen. Wer es allen recht machen will, macht es bisweilen niemandem recht. Wer sich jeden Schuh anzieht, verliert seine Souveränität.

Engagierte Teilnehmer sind die Regel

Übrigens: Auch wenn wir uns in diesem Buch ausführlich mit Störungen und schwierigen Teilnehmern beschäftigt haben – eines sollten Sie nicht vergessen: Die überwiegende Mehrzahl der Teilnehmer will lernen und arbeitet engagiert mit!

LITERATURVERZEICHNIS

Bönsch, Marion; Poplutz, Kathrin: Stolpersteine meistern. Erste Hilfe für Trainer in problematischen Seminarsituationen. Hamburg, Windmühle Verlag 2003

Cooper, Cary L.; Sutherland, Valerie: 30 Minuten für den Umgang mit schwierigen Kollegen. Offenbach, GABAL Verlag 2000

Lohmann, Gert: Mit Schülern klarkommen. Berlin, Cornelsen Verlag Scriptor 2003

Meier, Rolf: 30 Minuten für effektive Wissensvermittlung. Offenbach, GABAL Verlag 2003

Meier, Rolf: Seminare erfolgreich planen. Offenbach, GABAL Verlag 2003

Meier, Rolf: Seminare erfolgreich durchführen. Offenbach, GABAL Verlag 2003

Meier, Rolf: 30 Minuten für den Umgang mit schwierigen Chefs. Offenbach, GABAL Verlag 2006

Weigelt, Lutz: Gegen Reizhusten – Überlebensrezepte für Trainer. Bonn, Mitp-Verlag 2004

STICHWORTVERZEICHNIS

Ablehner 93
Ablenkungen 96
Abwehrmöglichkeit 109
Aktives Zuhören 181
Aktivierung 72
Alternativfragen 101
Angriffe 106
Angst vor Blamage 149
Arbeitsfähigkeit 156
Aufmerksamkeitssignale 182
Auftragsklärung 12
Auseinandersetzungen 120
Ausfragen 185
Ausgrenzung 124
Austesten (des Trainers) 101

Berufsmotive 20
Besserwisser 92
Bewältigungsmotive 20
Bewußt kommunizieren 53
Beziehungen 59
Beziehungsdefinition 60, 62
Beziehungsebene 117
Bildungsmotive 20
Burnout 153

Choleriker 94

Didaktisch-methodische Motivierung 83

Einstellungen und Gewohnheiten 111
Einzelarbeit 72
Emotionalisierung 69
Enttäuschungen 151
Erste Minuten 149
Extrinsische Motivierung 21

Fangfragen 101
Feedback 151, 160, 179, 187ff., 193ff.
Fragen 182
Freizeitmotive 20
Frustration 80

Gefühlsappelltechnik 103
Gefühlsbetonte Bestätigungen 182
Gegenangriff 180
Gemeinschaftsgefühl 89
Gesprächsatmosphäre 199
Gesprächsstörer 185
Gruppenarbeit 72
Gruppenauflösung 136
Gruppenclown 122
Gruppendynamik 115
Gruppenstruktur 121

Herunterspielen 185
Hut-ab-Formulierungen 193

Inhaltswünsche 82
Interaktionen 58
Interessen 203

Kartenabfrage 25
Ko-Trainer 139
Konfliktanalyse 202
Konflikte 76
Konfliktursachen 157
Kontaktmotive 20
Konzentrationsschwierig-
  keiten 77

Lampenfieber 148
Lernbedürfnisse und Motiva-
  tion (der Teilnehmer) 19
Lerngruppe (Schwierigkeiten
  in) 115
Lerngruppe (Schwierigkeiten
  mit) 127
Lernklima 62
Lernprobleme 79
Lernstile 86

Machtkämpfe 121
Metakommunikation 196
Mitläufer 122
Motivation, fehlende 81, 128
Motive 20
Motivierung 67

Nachfragen 183
Negative Einstellung 130,
  144
Nervosität 148

Nörgler 93
Normen 117

Orientierungshilfe 34

Partnerarbeit 72
Partnerschaftlicher
  Umgang 34
Passivität 131
Pauschales Interpretieren 186
Pauschalisierungen 105
Praxisnutzen (des Semi-
  nars) 22
Praxisorientierung 73
Probleme verstehen 156
Problemgespräche 198

Rahmen (Seminarrahmen) 28
Rahmenbedingungen 30
Ratschläge 185
Rollenprobleme 117

Sachbezogene
  Bestätigungen 182
Sachebene 117
Schlüsselfragen 184
Selbst instruieren 153
Selbstprogrammierung 143
Seminarbeginn 31
Sicherheit 148
Situationsklärung 179
Spielregeln 117
Störungen 97, 159ff., 165,
  189
Streitsüchtige 92

Strukturierung 70
Suggestivfragen 101

Teamteaching 139
Teilnehmer (Persönlich-
  keiten) 16, 76, 87
Teilnehmer (Probleme
  zwischen) 111
Teilnehmer-Erwartungen 18,
  23, 129
Teilnehmerorientierte
  Methoden 72
Trainerpersönlichkeit
  (Schwierigkeiten mit sich
  selbst) 36, 142
Trainerverhalten 51, 161
Transferorientierung 73

Üben und Wiederholen 72
Unfaire Angriffe 107
Unter- und Überforderung 84
Unzufriedenheit 17, 84, 132

Veranschaulichung 71
Verdrehungstaktik 103
Versprechungen 56
Verweigerung 137
Visualisierung 71
Vorannahmen 102
Vorbildfunktion 55
Vorgeschichte (von
  Problemen) 157, 200
Vorkenntnisse (zu Teil-
  nehmern) 19
Vorstellungsrunde 25
Vorwürfe machen 186

Wiederholung 182
Wir-Gefühl 117

Zeitmangel 145
Zuspätkommen 134
Zusammenraufen 117

Unsere Covey-Bestseller GABAL

Stephen R. Covey, Jennifer Colosimo
Vom Beruf zur Berufung
ISBN 978-3-86936-172-7
€ 19,90 (D) / € 20,50 (A)

S. M. R. Covey, R. R. Merrill
Schnelligkeit durch Vertrauen
ISBN 978-3-89749-908-9
€ 29,90 (D) / € 30,80 (A)

Stephen R. Covey, Bob Whitman
Führen unter neuen Bedingungen
ISBN 978-3-86936-050-8
€ 19,90 (D) / € 20,50 (A)

Stephen R. Covey
Die 7 Wege zur Effektivität
ISBN 978-3-89749-573-9
€ 24,90 (D) / € 25,60 (A)

Stephen R. Covey
Der 8. Weg
ISBN 978-3-89749-574-6
€ 29,90 (D) / € 30,80 (A)

Stephen R. Covey
Die 7 Wege zur Effektivität Workbook
ISBN 978-3-86936-106-2
€ 19,90 (D) / € 20,50 (A)

Bücher

Stephen R. Covey
Die 7 Wege zur Effektivität für Familien
ISBN 978-3-89749-889-1
€ 59,90 (D/A)

Sean Covey
Die 7 Wege zur Effektivität für Jugendliche
ISBN 978-3-89749-825-9
€ 49,90 (D/A)

Stephen R. Covey
Die 7 Wege zur Effektivität für Manager
ISBN 978-3-89749-890-7
€ 29,90 (D/A)

Stephen R. Covey, Stephen M. R. Covey,
Über Vertrauen
ISBN 978-3-86936-093-5
€ 29,90 (D/A)

Sean Covey
How to Develop Your Personal Mission Statement
ISBN 978-3-86936-092-8
€ 19,90 (D/A)

Stephen R. Covey
Focus: Achieving Your Highest Priorities
ISBN 978-3-86936-031-7
€ 29,90 (D/A)

Audio

Weitere Informationen finden Sie unter www.gabal-verlag.de

Management – fundiert und innovativ

Steve Kroeger
Die 7 Summits Strategie
ISBN 978-3-86936-229-8
€ 19,90 (D) / € 20,50 (A)

Markus Väth
Feierabend hab ich, wenn ich tot bin
ISBN 978-3-86936-231-1
€ 19,90 (D) / € 20,50 (A)

David Allen
Ich schaff das!
ISBN 978-3-86936-178-9
€ 24,90 (D) / € 25,60 (A)

Brian Tracy
Keine Ausreden!
ISBN 978-3-86936-235-9
€ 29,90 (D) / € 30,80 (A)

Hans-Uwe L. Köhler
Die Perfekte Rede
ISBN 978-3-86936-228-1
€ 24,90 (D) / € 25,60 (A)

Svenja Hofert
Das Slow-Grow-Prinzip
ISBN 978-3-86936-236-6
€ 24,90 (D) / € 25,60 (A)

Andreas Buhr
Vertrieb geht heute anders
ISBN 978-3-86936-230-4
€ 29,90 (D) / € 30,80 (A)

Tom Peters
The Little Big Things
ISBN 978-3-86936-171-0
€ 29,90 (D) / € 30,80 (A)

Stefan Merath
Die Kunst seine Kunden zu Lieben
ISBN 978-3-86936-176-5
€ 29,90 (D) / € 30,80 (A)

Weitere Informationen finden Sie unter www.gabal-verlag.de

Unterhaltsame Schweinehundzähmung

Das Günter Prinzip
€ 19,90 (D/A)
ISBN 978-3-86936-169-7

Das Günter Prinzip DVD
€ 29,90 (D/A)
ISBN 978-3-86936-249-6

Günter Plüsch Beanie
empf. VK € 9,95 (D/A)
ISBN 978-3-89749-705-4

 Je Band € 9,90 (D) / € 10,20 (A)

 Mit tierisch guten Illustrationen von Timo Wuerz

Günter, der innere Schweinehund, wird schlank
ISBN 978-3-89749-584-5

Günter, der innere Schweinehund, wird Nichtraucher
ISBN 978-3-89749-625-5

Günter, der innere Schweinehund, lernt flirten
ISBN 978-3-89749-665-1

Günter, der innere Schweinehund, hat Erfolg
ISBN 978-3-89749-731-3

Günter, der innere Schweinehund, wird Kommunikationsprofi
ISBN 978-3-86936-127-7

Günter, der innere Schweinehund, lernt verhandeln
ISBN 978-3-89749-918-8

Weitere Informationen finden Sie unter www.gabal-verlag.de

Business-Bücher für Erfolg und Karriere

Katja Kerschgens
Reden straffen statt Zuhörer strafen
ISBN 978-3-86936-187-1
€ 19,90 (D) / € 20,50 (A)

Gitte Härter
Sorry!
ISBN 978-3-86936-246-5
€ 17,90 (D) / € 18,50 (A)

Harald Scheerer
Endlich erfolgreich miteinander sprechen
ISBN 978-3-86936-241-0
€ 17,90 (D) / € 18,50 (A)

Patric P. Kutscher
Stimmtraining
ISBN 978-3-86936-247-2
€ 17,90 (D) / € 18,50 (A)

Claudia Fischer
Telefon Power
ISBN 978-3-86936-186-4
€ 17,90 (D) / € 18,50 (A)

Josef W. Seifert
Visualisieren Präsentieren Moderieren
ISBN 978-3-86936-240-3
€ 19,90 (D) / € 20,50 (A)

Elisabeth Ramelsberger, Michael Rossié
Medien트rainig kompakt
ISBN 978-3-86936-243-4
€ 19,90 (D) / € 20,50 (A)

Dorothee U. Lüttmann, Patrick Schwarzkopf
Pimp up your Coffee Break
ISBN 978-3-86936-244-1
€ 19,90 (D) / € 20,50 (A)

Hartmut Laufer
Grundlagen erfolgreicher Mitarbeiterführung
ISBN 978-3-89749-548-7
€ 19,90 (D) / € 20,50 (A)

Johannes Stärk
Assessment-Center erfolgreich bestehen
ISBN 978-3-86936-184-0
€ 29,90 (D) / € 30,80 (A)

Chris Brügger, Michael Hartschen, Jiri Scherer
Simplicity.
ISBN 978-3-86936-245-8
€ 19,90 (D) / € 20,50 (A)

Aljoscha Long
Gib alles, was du hast – und du bekommst alles, was du willst
ISBN 978-3-86936-242-7
€ 19,90 (D) / € 20,50 (A)

Weitere Informationen finden Sie unter www.gabal-verlag.de

Die 30 Minuten-Reihe
In 30 Minuten wissen Sie mehr!

Jeder Band 96 Seiten, 2-farbig
€ 8,90 (D) / € 9,20 (A)

Expertenwissen im Pocketformat

Frank H. Berndt
30 Minuten Burn-out
ISBN 978-3-86936-255-7

Peter Mohr
30 Minuten Präsentieren
ISBN 978-3-86963-261-8

Reinhard K. Sprenger
30 Minuten Motivation
ISBN 978-3-86963-257-1

Peter Mohr
30 Minuten Verkaufen
ISBN 978-3-86963-258-8

Ardeschyr Hagmaier
30 Minuten Basiswissen Akquise
ISBN 978-3-86963-262-5

Stefanie Demann
30 Minuten Selbstcoaching
ISBN 978-3-86963-260-1

Ulrich Siegrist, Martin Luitjens
30 Minuten Resilienz
ISBN 978-3-86963-263-2

Stéphane Etrillard
30 Minuten Überzeugen
ISBN 978-3-86963-264-9

Hartmut Laufer
30 Minuten Besprechungen
ISBN 978-3-86963-265-6

Weitere Informationen finden Sie unter www.gabal-verlag.de

ANZEIGE

Hier finden Sie Gleichgesinnte ...

... weil sie sich für **persönliches Wachstum** interessieren, für **lebenslanges Lernen** und den Erfahrungsaustausch zum Thema Weiterbildung.

... und Andersdenkende,

weil sie aus unterschiedlichen Positionen kommen, unterschiedliche Lebenserfahrung mitbringen, mit unterschiedlichen Methoden arbeiten und in unterschiedlichen Unternehmenswelten zu Hause sind.

Das nehmen Sie mit:

- Präsentation auf wichtigen Personal-Messen zu Sonderkonditionen sowie auf den GABAL-Plattformen (GABAL impulse, eLetter und auf www.gabal.de)
- Teilnahme an Regionalgruppenveranstaltungen, Werkstattgruppen und Kompetenzteams
- Sonderkonditionen beim Symposium und Veranstaltungen unserer Partnerverbände
- Gratis-Abo der Fachzeitschrift wirtschaft + weiterbildung
- Gratis-Abo der Mitgliederzeitschrift GABAL impulse
- Vergünstigungen bei zahlreichen Kooperationspartnern
- u.v.m.

Auf unseren Regionalgruppentreffen und Symposien entsteht daraus ein **lebendiger Austausch**, denn wir entwickeln gemeinsam **neue Ideen**.
Zudem pflegen wir intensiven Kontakt zu namhaften Hochschulen, so erhalten wir vom Nachwuchs spannende Impulse, die in die eigene Praxis eingebracht werden können.

Neugierig geworden?
Informieren Sie sich am besten gleich unter:

www.gabal.de
E-Mail: info@gabal.de
oder
Tel.: 06132 - 509509 0